Somos animales poéticos

SOMOS ANIMALES POÉTICOS
Algunos usos de los libros y del arte en estos tiempos críticos

Título original: NOUS SOMMES DES ANIMAUX POÉTIQUES.
Quelques usages des livres et de l'art en ces temps critiques

© 2023, Michèle Petit

© 2023, Daniel Goldin (por el texto liminar)

Traducción: Rafael Segovia

Diseño e ilustración de portada: Natàlia Pàmies

D.R. © 2023, Editorial Océano de México, S.A. de C.V.
Guillermo Barroso 17-5, Col. Industrial Las Armas
Tlalnepantla de Baz, 54080, Estado de México
info@oceano.com.mx
www.oceanotravesia.mx

Primera edición en Océano: 2023

ISBN: 978-607-557-841-5

IMPRESO EN MÉXICO / *PRINTED IN MEXICO*

Somos animales poéticos

Algunos usos de los libros y del arte en estos tiempos críticos

MICHÈLE PETIT

Traducción de
Rafael Segovia

ÁGORA **Travesía**

Índice

Liminar

En uno de los textos que integran este volumen, Michèle Petit detiene su atención en un fenómeno que sucede (o no) cuando leemos: vemos (o no) imágenes mientras decodificamos letras. Anodino (o no) ese fenómeno puede acontecer cuando alguien se sumerge en un texto.

Tras recapacitar, Michèle rebate el acerto de un psicólogo cognitivista que daba por sentado que todos somos como él. Y afirma que no, que ella no ve imágenes mientras lee. Pero no se arroga el derecho de hacer de su propia experiencia una ley universal. Por el contrario, compara la suya con la de otros, y emprende una lenta y deliciosa investigación alimentada por las experiencias de muchos otros y, sin concluir ni pontificar, nos invita a pensar en la nuestra. Luego nos deja ante una nueva ventana para investigar en otro territorio fecundo para todo aquel que quiere hacer de la observación y la conversación un ejercicio de enriquecimiento de la vida. Dicho de otra manera, para todo aquel que quiera hacer de la lectura, de libros, cuadros, paisajes, gestos y rostros, un ejercicio de empoderamiento de la singularidad y de celebración de la diversidad.

Cuán alejadas sus matizadas observaciones de (casi) todos los discursos que pontifican las bondades de la lectura.

Hace tres décadas hizo lo mismo al llamar la atención sobre la forma en que la lectura puede transformar la vida de algunas personas socialmente determinadas para no ser lectoras. Ella documentó como el contacto con ciertos libros en momentos precisos las hizo más dueñas de sí mismas, sin precisar que por eso ellas se hicieron lectoras. Y así nos hizo recapacitar en la apropiación de los lectores. Siempre por fragmentos, a menudo desviante. Nuevamente aquí, qué lejos de los discursos sobre la comprensión lectora.

A través de esos hermosísimos libros, ligeros y complejos, nos iluminó sobre los secretos vasos que comunican lo íntimo con lo público. Implícita y explícitamente nos habló del valor de la escucha, una virtud tan comprometedora como escasa.

Petit lleva ya muchas décadas hilvanando un tejido polifónico que permite recuperar y lanzar al mundo ideas y personas. Una malla para tamizar. Una red para atrapar alimentos para el alma y nutrir el pensamiento. Para abrigarse o liberarse. Con un hilo (casi) transparente hilvana voces e ideas, de personas provenientes de campos del saber y disciplinas diversas. Algunas son poetas, pintores, filósofos, antropólogos o historiadores de gran alcurnia. Otras son personas que no se reconocen a sí mismas como portadores de un saber valioso, ni para ellas ni para otros. Sobrevivientes de guerras o atrocidades, niños o ancianos. Analfabetas o lectores precarios, que hablan lo indispensable y sólo en los sueños tienen un reducto para crear relatos que los hacen sobrevivir.

Ese coro polifónico es también plurilingüe. Para descanso de sus traductores al español, cada vez son más las citas que provienen de nuestro idioma. Las hay, también aquí, de diversas geografías, de un lado y otro del Atlántico, de un lado y otro del ecuador.

Esto revela una trayectoria biográfica y una manera de hacer: el pensamiento de Michèle no sólo se ha extendido en nuestras geografías, sino que se ha nutrido de sus lectores, escuchas. En fértil toma y daca ha convertido a sus lectores en cómplices e informantes. Ella habla y escucha. Escribe y lee: dar y recibir no se contraponen. Por el contrario, nutren a todos aquellos que participan en una horizontalidad que abre horizontes.

Vuelvo al principio de este texto. Ver o no imágenes durante la lectura. Puesto a escoger, no sabría dónde ubicarme. Pero cuando leía (y releía) este libro pensando en escribir estas líneas, en mi mente se iba imponiendo una imagen. La de una frágil yerba silvestre. Sí, la de una de esas humildes plantas que verdean entre las grietas. Que brotan de los muros de casas en ruinas y abandonadas. Que surgen de asfalto, en las azoteas y desde luego en los campos aparentemente desérticos, tan pronto los saluda una primera lluvia.

¿Por qué esa persistencia? Me refiero a la de la imagen de la yerba que aparecía en mi mente al leer estas páginas. Tal vez porque quería llamar la atención de sus lectores hacia una gramática implícita en toda la obra de Petit. Gramática vegetal la voy a llamar a falta de un mejor calificativo, sabiendo que para algunos puede resultar extraño.

Sí, los presuntuosos seres humanos que nos autoubicamos en el grado más alto de la escala evolutiva, suponemos que la nuestra es la inteligencia más distinguida, aun cuando sabemos que cientos de millones de años antes de la aparición del primer ser humano los vegetales ya prosperaban en la tierra, y lo seguirán haciendo cuando nuestra especie haya desaparecido. Aun cuando nos cueste trabajo asumir que sin ellos no podríamos vivir un solo segundo. De la misma manera que los varones nos rehusamos a reconocer que toda la sociedad se sostiene en el trabajo silencioso (y cada vez menos silenciado) de las mujeres...

Se trata de una gramática que se opone al simplismo de las dicotomías: ¿tuyo o mío? ¿Hacia abajo o hacia arriba? ¿Por qué elegir si se puede avanzar hacia ambas direcciones? Así crecen las plantas. Siempre prosperan en su ser colaborando con otros. Que persisten y resisten, aunque se quemen los bosques y praderas.

Quizá después de que hayas leído y releído esta obra, tú, amable lector, puedas explicar mejor que yo por qué la imagen de una yerba verde me acompañó cuando la leía.

DANIEL GOLDIN
Ciudad de México, 12 de agosto de 2023

Prólogo

Lo esencial inútil

Al ser humano nunca le ha bastado ca-
zar un bisonte: necesita representarlo.[1]

JUAN VILLORO

AL PRESENTAR ESTE LIBRO, me vuelve un recuerdo. Hace
unos años visité un museo en Bogotá con el escritor español Gustavo Martín Garzo. Nos habíamos detenido frente
a unos cántaros con incisiones decorativas. "Es notable",
me dijo Gustavo, "cómo los humanos nunca se han limi-
tado a crear objetos que sólo les son útiles. En todas partes,
necesitaron algo más".

Lo utilitario nunca es suficiente para nosotros. Quizá
seamos ante todo animales poéticos, puesto que los humanos llevamos más de cuarenta mil años creando obras
de arte, mucho antes de que se inventara el dinero o la
agricultura. Desde tiempos remotos, en distintas regiones
del mundo, les fue necesario llevar a cabo ritos y forjar
objetos para marcar el ritmo de los grandes momentos de
la existencia, comunicarse con otro mundo, interponer el
arte entre ellos y los misterios de la vida y la muerte, sentirse conectados con los elementos y los animales, celebrar
los gestos cotidianos: llevamos milenios adornando los re-
cipientes donde se guardan los alimentos, decorando las

[1] "La desaparición de la realidad", *Reforma*, 10/2/2017.

paredes de nuestra casa, pintando o escarificando nuestro rostro o nuestro cuerpo. Y contando historias, más o menos complejas y frecuentes, según los contextos culturales. De múltiples formas, desde tiempos inmemoriales, el ser humano ha practicado todo tipo de juegos con la lengua.

Todo lo que he aprendido durante los últimos treinta años al interesarme en las formas de leer (o no leer) de nuestros contemporáneos, en sus usos de la literatura y del arte, me lo recordaba, si es que fuera necesario: nunca podemos limitarnos a una lengua factual, instrumental, que se restrinja a la designación inmediata de las cosas y los seres, ni tampoco a los estereotipos, a las palabrerías dilatorias, a las consignas, a las jergas técnicas... A estos usos que nos violentan, sin que nos demos cuenta de ello, que nos exilian, nos alejan de nosotros mismos, de nuestros seres queridos, del mundo, de sus paisajes. Y del pensamiento.

Sin embargo, casi en todas partes, hoy en día las lenguas son muy maltratadas, como observa Olivier Rolin: "La lengua, todas las lenguas, son, en todas partes del mundo, atacadas, degradadas, niveladas, banalizadas, su fuerza expresiva es socavada por la influencia del lenguaje de los medios, que es a la vez pobre, repetitivo, hecho de lugares comunes e invasivo, omnipresente. El lenguaje de los medios y también el de la política, y muchas veces es el mismo. Es un enorme edredón que sofoca, o en todo caso que es susceptible de sofocar, cualquier expresión original".[2] Rolin

---

[2]   Olivier Rolin, "À quoi servent les livres ?" (¿Para qué sirven los libros?), conferencia pronunciada por invitación de la Embajada de Francia en Sudán, 2011, reproducida en la URL de Mediapart: http://blogs.media part.fr/blog/gwenael-glatre/120411/quoi-servent-les-livres-par-oli vier-rolin

le opone un lenguaje que es "amplio, complejo, matizado, tanto popular como académico, capaz de expresar todos los aspectos del pensamiento, los sentimientos, las sensaciones. Un lenguaje capaz de ver, tocar, oler". Un lenguaje que permita prestar un poco más de atención al mundo y a sus invitados. El lenguaje de la literatura, tal como lo crean día a día los escritores, pero también los que mantienen vivas las culturas orales o inventan nuevas literaturas de la voz. Un lenguaje más cercano al canto, que nos lleva más allá de lo inmediato y nos permite construir "casas de palabras",[3] para hablar nuevamente como Gustavo Martín Garzo, sin el cual los lugares reales, materiales, en los que vivimos, serían sin duda inhabitables.

Pues eso, me parece, es lo que está en juego. A juzgar por muchos de los que he escuchado a lo largo de los años, lo que se encuentra en la literatura y en el contacto con las obras de arte, desde temprana edad, es quizá sobre todo una posibilidad de estar en sintonía, en el sentido musical del término, con lo que nos rodea, al menos por un tiempo. Cuando digo "lo que nos rodea", lo veremos más adelante, es algo que va más allá de los seres cercanos, o incluso de la sociedad; se refiere al mundo, al cielo con sus estrellas, al mar, a las montañas, al bosque, a la ciudad, a los animales. Todorov nos recordaba que el hombre "necesita comunicarse con el mundo tanto como lo hace con los hombres".[4] Y lo que uno encuentra al escuchar o leer textos literarios es a veces un sentimiento de habitar, de estar en su lugar.

---

[3]   Cf. *Una casa de palabras*, México-Barcelona, Océano Travesía, 2012.

[4]   *La Conquête de l'Amérique* (*La conquista de América*), París, Points Seuil, 1982, p. 126.

Lo que se siente de vez en cuando es también una cierta armonía con el mundo interior, con uno mismo. Cosas todas que merecen nuestra atención en este momento en que tantos jóvenes se sienten desbalanceados, disonantes, ajenos al mundo. Y es que, redescubriendo el juego en el lenguaje, enriqueciendo sus usos, trabajando su forma, descubren posibilidades, particularmente en contextos críticos, como he tratado de mostrar en *El arte de la lectura*[5] y en *Leer el mundo*.[6]

Durante los meses posteriores a la publicación de *El arte de la lectura*, la economía mundial se inclinó hacia una severa recesión y desde entonces, en múltiples formas, las "crisis" no han cesado, a causa de guerras y desplazamientos de población, ataques terroristas, terremotos, inundaciones o incendios de grandes proporciones vinculados al cambio climático. Y desde principios de 2020, toda la humanidad ha estado lidiando con una pandemia que ha hecho añicos los cimientos de la vida en sociedad, profundizando gravemente las desigualdades, exacerbando el discurso del odio y alterando nuestra capacidad de soñar y pensar.

Durante la irrupción de varias de estas crisis o desastres, la gente me escribió para decirme que estaba implementando talleres culturales o clubes de lectura inspirados en parte por mi investigación. Por ejemplo, luego del violento terremoto que azotó a México en 2017, y particularmente su capital, varios proyectos se refirieron a ella, como los fomentados por la Secretaría de Cultura de México, que publicó entonces el documento *Para leer en contextos adversos*

---

[5]   *El arte de la lectura en tiempos de crisis*, Barcelona-México, Océano Travesía, 2009 (reed. en bolsillo en 2021).
[6]   *Leer el mundo. Experiencias actuales de transmisión cultural*, Buenos Aires, Fondo de Cultura Económica, 2015.

y otros espacios emergentes.[7] Otros, en diferentes países, se inspiraron en lo que yo había escrito para desarrollar experiencias literarias compartidas con refugiados, migrantes o durante la pandemia.

Fue un honor, por supuesto, y una satisfacción pensar que mi trabajo podía ayudar en momentos difíciles. Pero también era una responsabilidad y a veces un motivo de preocupación: ¿se podía hacer extensivo a todas estas situaciones tan diferentes entre sí lo que yo había observado y relatado en mis libros? ¿No se corría el riesgo de ensoñar a estos profesionales o voluntarios, de animarlos a emprender experimentos que resultarían decepcionantes? ¿O que los mantendrían alejados de batallas más apremiantes? Seguí, pues, pensando en qué podía aportar hoy la literatura, oral y escrita, y el arte bajo todas sus formas, en contextos difíciles, incluso dramáticos. Y los textos que siguen fueron inicialmente escritos, en versiones diferentes a las aquí publicadas, para intervenciones durante jornadas que reunían a docentes, bibliotecarios, promotores de lectura, pero también profesionales de la primera infancia, trabajadores sociales, a veces jueces y abogados, padres y abuelos. Se aborda aquí la belleza que permite transfigurar lo peor después de tiempos trágicos; la transmisión cultural, particularmente en el exilio, que es la suerte de tantos niños, mujeres y hombres el día de hoy; la forma en que vivimos en un lugar, en que nos preocupamos por el mundo; los paisajes interiores que nos componen; los sueños de los que estamos hechos y que la literatura ayuda a redescubrir; las

---

[7] *Para leer en contextos adversos y otros espacios emergentes*, México, Secretaría de Cultura/DGP, 2018.

bibliotecas, esas casas de pensamiento donde a veces se inventan nuevas formas de convivencia.

Sobre estos inmensos temas, ¿qué competencia tenía yo para intervenir? Sólo haber escuchado y recogido, como en mis libros anteriores, voces: las de los lectores y lectoras que, a lo largo de los años, me han contado sus experiencias, los usos que dieron a los escritos que encontraban o de las historias que escuchaban, y aquéllas de los transmisores culturales que compartieron conmigo sus artes, particularmente en contextos en que la apropiación de la cultura escrita no estaba dada.

Al final de este libro, se habla también de las dificultades experimentadas por muchos para leer al comienzo de la pandemia de covid-19 y del intercambio secreto o discreto en torno a los libros que, sin embargo, algunos inventaron. En estos tiempos extraños, hemos sido asignados a nuestras supuestas "necesidades esenciales", reducidos a seres biológicos y a nuestros roles económicos. Durante los primeros confinamientos, en muchos países, "lo esencial" se limitaba así a la alimentación, a los cuidados (en sentido estricto) y lo necesario para el ejercicio del trabajo. Se cerraron, prohibieron, los lugares culturales, las bibliotecas, las librerías, las tiendas de discos, así como las florerías por cierto, e incluso los parques y las riberas, esos lugares de paseo y de juego. Fueran o no lectores, muchos sufrieron por la desaparición de lo que Calaferte denominó "lo esencial inútil", refiriéndose al tiempo dedicado a sus poemas,[8]

---

[8]   "En este mundo convulsionado, cuya información transmite, cada día, la imagen de los riesgos que nos acechan a todos sin excepción, estoy encantado de haberme refugiado en lo que llamaré *lo esencial inútil.*" *Étapes. Carnets VII*, París, L'Arpenteur, 1997, p. 150.

pero que, más allá, remite a que somos seres de deseo, no sólo de necesidad.

"Siempre nos contamos historias cuando deseamos", dice Laurence Devillairs. "Lo que nos estremece entonces no es la realidad, sino la ficción y los sueños, la esperanza y las ideas. Todo deseo es, en ese sentido, deseo de lo imposible, de una vida más intensa, más dramática. Una vida como las que se leen en los libros."[9] Agrega que los libros "traen más vida a la vida, la llevan más alto y más allá que el simple aquí y ahora de las necesidades. Entonces, sí, las librerías son negocios esenciales. Es un error político cerrarlas, es una falta moral prohibir el acceso a ellas. Hay que tener a la mano este elemento esencial para hacer la vida un poco más llevadera". Los libros dan más vida a la vida, como dice ella, una vida más intensa, y las librerías y las bibliotecas, esos graneros de historias, esos "cofres de sorpresas" para usar palabras de Daniel Goldin,[10] despiertan deseos en quienes pasan por sus puertas.

Béatrice Commengé comenta que "en todas partes, incluso en los lugares más perturbados por el paso del tiempo, la destrucción y las construcciones de los hombres, quedan pequeñas parcelas de paisaje que lo resisten todo".[11] Lo que he aprendido en el transcurso de mi investigación es que en

---

[9] Laurence Devillairs, "Le reconfinement, le désir, l'essentiel… et les librairies" (El reconfinamiento, el deseo, lo esencial… y las librerías), *Philomag*, 30/10/2020. https://www.philomag.com/articles/laurence-devillairs-le-reconfinement-le-desir-lessentiel-et-les-librairies

[10] Daniel Goldin y Muriel Amar, "La bibliothèque publique, un lieu de l' 'écoute radicale'" (La biblioteca pública, un lugar para la "escucha radical"), en Christophe Evans (dir.), *L'Expérience sensible des bibliothèques*, Éditions de la Bibliothèque publique d'information, 2020. https://books.openedition.org/bibpompidou/2429

[11] Béatrice Commengé, *Une vie de paysages*, Lagrasse, Verdier, 2016, p. 119.

un mundo en gran parte devastado por las guerras, las catástrofes, la depredación, la voluntad de controlarlo todo, quedan mujeres y hombres que resisten, no sé si "a todo", pero, en todo caso, que entregan sus fuerzas sin medirlas para que niños, adolescentes, adultos también, tengan oportunidades de ser un poco más los sujetos de sus vidas, más deseantes. Como veremos en las siguientes páginas, privilegian la literatura, el arte, a veces la ciencia, allí donde es poética, para construir formas de convivencia más vivibles, más amables. No dan discursos muy aburridos sobre los beneficios de la lectura. Ayudan a quienes acompañan a redescubrir posibilidades gracias a la apertura de otra dimensión, gracias al reencuentro con todo este continente de deseos, de ensoñación, que no es sólo un consuelo, sino parte vital de cada uno de nosotros.

Hoy, más que nunca, hay que rendir homenaje a su arte. Eso es lo que he tratado de hacer aquí.

El Infierno, el arte, los libros y la belleza

> El mundo es hermoso antes que verdadero. El mundo es admirado antes que ser verificado.[1]
>
> GASTON BACHELARD

> Leo para llenar mi vida, para completarla y para compensar vacios que han dejado los sueños no cumplidos, para vivir otras vidas. Leo porque estoy convencido de que un libro tal vez no cambie mi vida, pero si puede llenarla de nuevos sueños y hermosura, y porque me hace escuchar el sonido y las voces del silencio.[2]
>
> CUAUHTÉMOC LÓPEZ GUZMÁN

DESPUÉS DE HABERME PROPUESTO HABLAR de belleza, me preguntaba qué me había dado por haber elegido un tema tan vasto, sobre el cual desde tiempos inmemoriales filósofos, artistas, científicos, habían reflexionado tanto y escrito tanto. Un enigma de infinita complejidad que nunca había estudiado. A lo sumo, había pensado un poco en los usos que mis contemporáneos hacían de la literatura, y a veces del arte, en particular cuando están expuestos a la adversidad. Sin embargo, no todo lo bello es arte, y no todo lo que

---

[1]   *L'air et les songes*, París, Corti, 1943, p. 192.
[2]   Cuauhtémoc López Guzmán, *Mi encuentro con la lectura*. (Gracias a Rigoberto González Nicolás que me envió esta autobiografía.)

es arte busca la belleza, el arte contemporáneo se ha encargado de recordárnoslo. No me adentraré en estos terrenos ni propondré una definición de belleza en la que nadie ha llegado nunca a ponerse de acuerdo. Hablaré de dos o tres temas que me han llamado la atención al escuchar a niños, adolescentes y adultos contarme sus experiencias culturales, o al leer textos de artistas, escritores o distribuidores de libros que han transcrito finamente estas experiencias.

Primero hablaré de la manera en que muchos niños, pero también adultos, han transfigurado el horror, o la pena, o la preocupación, en belleza y, al hacerlo, han encontrado "el reino de la posibilidad".[3] Luego evocaré la necesidad fundamental que tienen los humanos de que la belleza coincida con su entorno, y el derecho de cada uno de nosotros a acceder a ella. Finalmente, dado que la escuela es el lugar al que supuestamente irán todos los niños, ofreceré algunos elementos sobre la belleza en el aula. Materiales que mis lectores podrán tal vez aprovechar para hacer algo completamente diferente.

La técnica del fénix

Como introducción, vayamos... al infierno, en una de las muchas formas que toma en esta Tierra. Aquí estamos en 1943, en Nantes, que entonces está bajo las bombas aliadas. Nantes sufre decenas de ataques aéreos que causan miles de muertos y heridos, destruyendo parte del puerto, el centro de la ciudad y varios barrios. Los habitantes se protegen lo

---

[3]   Tomo esta expresión de Gustavo Martín Garzo en *Una casa de palabras, op. cit.*, p. 39; y de Yolanda Reyes en *El reino de la posibilidad*, Lumen, 2021.

mejor que pueden y, entre ellos, un joven de doce años se esconde en un refugio antiaéreo. Su nombre es Jacques, Jacques Demy. Es hijo de un mecánico y una peluquera a la que le gusta cantar y escuchar zarzuelas. El pequeño Jacques ama el teatro de marionetas al que a veces lo llevaban antes de la guerra. Cuando tenía cuatro años, sus padres le regalaron uno. Y pronto Jacques construyó uno más grande donde representa cuentos de hadas.

En 1943, durante los ataques, se encontraba en este refugio, aterrorizado. Mucho tiempo después dirá: "Fue algo espantoso. [...] Parece que nada más atroz puede suceder. Y a partir de eso, soñamos con una existencia ideal. Me impresionó este desastre, y tal vez los sueños surgieron de ese periodo".[4] Después de los bombardeos, sumerge en agua caliente pequeñas películas de Chaplin para disolver la gelatina, y, sobre la cinta transparente, dibuja imagen por imagen, con tintas de colores y una lupa, el bombardeo del Pont des Mauves, su primera película. Posteriormente, producirá estos hermosos musicales ubicados en puertos que todo mundo o casi todo el mundo conoce, *Las señoritas de Rochefort* o *Los paraguas de Cherburgo*, en los que la gente baila, donde el color triunfa sobre el polvo y el canto sobre el caos. Quizá Demy luchó toda su vida contra el terror de su infancia. Como tantos otros artistas, se liberó del drama al diseñar algo maravillosamente vivo.

Muchos escritores han dado testimonio de esta capacidad de transfigurar el horror en belleza, recordando a los niños que habían sido. Hélène Cixous, por ejemplo. A la

---

[4]   Jacques Demy y Agnès Varda, *À propos du bonheur*, Démons et merveilles du cinéma, INA, 19/12/1964.

edad de once años, su padre murió repentinamente. Ella dice: "Se fue de la noche a la mañana, llevándose el mundo con él. Tuve la sensación de que en lugar del mundo, había un abismo. Traté de hacerme una balsa para sobrevivir, y me hice una balsa de papel. [...] No reaccionamos a la muerte con la muerte, tratamos de convertirla en vida. Ésta es la técnica del Fénix. Y para eso están las artes, la música, la literatura".[5] Es también una época en que el país donde vive, Argelia, agoniza; la asusta la crueldad que ve o siente en todas partes. Acude a los libros para encontrar un refugio, la libertad y la belleza que ya no existen en el mundo que la rodea. Desde entonces, dice, leer y vivir han sido para ella sinónimos; leer y escribir también. A sus más de ochenta años, Hélène Cixous aspira a una revolución joven y artística. Dice que tenemos que crear círculos iluminados.

Citaré también a Yannis Kiourtsakis, recordando el "sentimiento de profundo equilibrio y serenidad" que lo embargó una tarde, después de un duelo, cuando tenía quince años, al leer ciertas escenas de *Guerra y paz*: "Esa lectura me procuraba una extraña plenitud [...] ahora sabía con absoluta certeza que al menos existía la belleza: testimonio de ello eran esos libros y esa música que nunca dejaban de infundir en mí, en medio de mi desgracia, esta inconcebible serenidad, y eso bastaba para justificar la vida".[6] La belleza era "aparentemente capaz de resistir a la muerte", comenta también. E incluso se pregunta "si al final Dios no era esa belleza".

---

5   Entrevista en *Télérama Dialogue*, 28/9/2017.
6   Yannis Kiourtsakis, *Le Dicôlon*, Lagrasse, 2011, pp. 333-334.

Sin embargo, esto no es exclusivo de las personas que se han convertido en escritores o grandes artistas. Esta maravillosa capacidad humana de transfigurar el infierno la conocen muy bien quienes proponen a los niños dibujar cuando han vivido un trauma, tanto en América Latina como en Medio Oriente, en la India o en Europa, con niños refugiados. Y observan en el transcurso de las sesiones el apaciguamiento y el orgullo que estos niños sienten al domeñar la peor de las realidades, al trabajar, cincelar la forma propuesta.

Pensemos también en la exposición *Deflagraciones. Dibujos de niños, guerras de adultos*,[7] que reunía dibujos en los que los niños representaron escenas de guerra, desde la Primera Guerra Mundial hasta la Siria contemporánea, desde Vietnam hasta Darfur. Cada dibujo cuenta una historia terrible, vista desde la altura del ojo del niño, a menudo de una manera increíblemente minuciosa. Sin embargo, surge una belleza grandiosa de muchos de estos dibujos, muy ingeniosos, de gran fuerza en la línea. Como la que nos invade cuando una conmoción estética nos permite tomar conciencia del horror manteniéndonos en pie.

Un antídoto contra el terror

Daré un último ejemplo, porque nos permite identificar un poco más algunos de los procesos mediante los cuales la belleza, no sólo la belleza creada, sino también contemplada, permite salir del infierno, a cualquier edad. Se trata de una mujer, Catherine Meurisse, cuya historia es conocida por

---

[7] Cf. Zérane S. Girardeau (coord.), *Déflagrations. Dessins d'enfants, guerres d'adultes*, París, Anamosa, 2017.

muchos. Como recordatorio, ella estuvo a cargo de las páginas culturales del periódico satírico *Charlie Hebdo*. La mañana del 7 de enero de 2015, deprimida por una pena de amor, no podía levantarse. Finalmente se va muy tarde a su trabajo. Al llegar frente al edificio, se encuentra con el diseñador Luz, que había perdido su tren. Él le dice que no entre porque acaban de entrar dos hombres armados. Se esconden, escuchan ráfagas de Kalashnikovs. Sabemos lo que pasó después: una masacre de la que se hablará en todo el mundo.

Unos días después, Catherine Meurisse se encuentra en un estado de "disociación", ya no siente nada, pierde toda coherencia y sus recuerdos. Una parte de ella está muerta. Mezcla las palabras, olvida el principio de sus frases, el hilo de sus pensamientos. "El terrorismo no sólo destruye a los seres, también destruye el lenguaje y la memoria", diría más tarde.[8]

Está rodeada de amigos, un psicoanalista la escucha y la apoya, pero muy pronto siente que también necesita algo más: belleza. "Más que arte, belleza", dice. "Así que me lancé en busca de una belleza absoluta, de la que esperaba que fuera reparadora." La de los paisajes y las obras. Va al borde del mar, tiene la impresión de verlo por primera vez. Unas semanas más tarde, visita una exposición. Nada la inspira, no ve nada, no está ahí. Pero en la última sala se

[8] Las frases citadas fueron extraídas de las entrevistas publicadas en: *Slate*, 11/5/2016, http://www.slate.fr/story/117829/catherine-meurisse-lege rete-BD. *20 minutes*, 25/4/2016, https://www.20minutes.fr/culture/ 1833479-20160425-preview-bd-rescapee-attentats-charlie-catherine-meurisse-met-bulles-guerison. *Télérama*, 1/5/2016: http://www.telerama. fr/livre/bedetheque-ideale-122-catherine-meurisse-tente-de-retrou ver-la-legerete,141679.php. *France Inter*, 15/4/2016, https://www.fran ceinter.fr/culture/la-magnifique-legerete-retrouvee-de-catherine-meurisse

encuentra frente al *Grito* de Munch: "Es el aullido que no pude gritar después del 7 de enero". Literalmente querría meterse en la obra. Al no poder hacerlo, va a representar la escena que está viviendo.

Se esfuerza por volver a escribir, a dibujar, por recuperar emociones, recuerdos, las palabras y los pensamientos que la han abandonado. Y comenta: "No lograba dibujar en hojas separadas como siempre, todo tenía que estar junto, pegado. Que nada más se desparramara porque yo misma estaba hecha pedazos, en desorden".

Sin embargo, París está demasiado marcada por el horror, allí ocurren otras masacres el 13 de noviembre de 2015. Es la ciudad de la sangre. Tiene oportunidad de alquilar una pequeña habitación en la Villa Medici de Roma. "Necesitaba un respiro, una ciudad suave, aparentemente dormida: Roma es apodada la 'ciudad eterna', es el arquetipo de la belleza. Necesitaba este tipo de símbolos para volver a ponerme en pie."

En los jardines de la Villa Medici, un grupo de estatuas llama su atención: representa a los hijos de Níobe asesinados por las flechas de Apolo y Artemisa. Por todas partes, cuerpos en el suelo. Como los de sus amigos a los que no vio, pero que no ha dejado de imaginar desde hace meses. O los de todos esos jóvenes que acaban de ser masacrados en París, en el Bataclan y en las terrazas de cafés.

Ante esta escena mitológica, fui transportada a la sala del Bataclan y a la oficina editorial de *Charlie* el 7 de enero, donde yo no había estado. A través de la simbolización, el arte permitió una mediación entre la violencia y yo misma. Así tuve la sensación de acercarme a la muerte, a los cuerpos de mis amigos, suavemente y sin miedo. Esos cuerpos, sublimados por la escultura, no eran mórbidos, su mármol blanco, centelleante, era de una belleza impresionante. Mi viaje a Roma, en contacto con estatuas y vestigios antiguos, signo de inmutabilidad, signo de la violencia de la Historia suspendida en el tiempo, me permitió redescubrir un poco de eternidad.

Deambula por las calles con los *Paseos por Roma* de Stendhal en el bolsillo, ella que nunca ha separado las artes de la literatura. Aprende a decir "yo" de nuevo. Su pensamiento comienza a reconstituirse. En los museos, también ve a María Magdalena o santa Teresa en éxtasis, en pleno goce. Entiende que vuelve a ella un poco de libido, de deseo, de ganas de vivir.

La belleza se le figuró como una "antítesis del caos", un "antídoto ideal contra el horror" y su búsqueda se convirtió en el tema de un libro, *La Légèreté* (*La ligereza*),[9] en el que dibujó todo este proceso para "reordenar las cosas", "para reunir los fragmentos", "poner el terror bajo una campana de cristal", "resucitar a los muertos durante el tiempo de un libro". Todo este recorrido en el que se confió a su intuición: "Estuve extremadamente atenta, receptiva a todo lo que pudiera decirme que no estaba muerta. Estos signos los encontré en las palabras de los demás, en la naturaleza, en la cultura, donde pude".

Años más tarde, al tiempo de la actualidad política, prefiere el tiempo lento de la literatura. Vuelve a escuchar a Bach y Händel después de un largo periodo de silencio.

[9]   Catherine Meurisse, *La Légèreté*, París, Dargaud, 2016.

Y dibuja. Ha publicado otro libro de imágenes, *Les Grands Espaces* (*Los grandes espacios*), que continúa el que acabo de mencionar. Un regreso a la infancia donde se representa rodeada de sus padres y de su hermana, pero también de la casa que sus padres habían reconstruido, de la naturaleza, de los paisajes. Y vemos a qué grado la belleza ya estaba presente en esa infancia. Como aquellos esquejes de rosales que su madre robaba de los jardines de los grandes escritores para luego poder oler los perfumes que éstos habían respirado. ¿Podría uno soñar con una transmisión o iniciación más hermosa? O esas conchas fosilizadas, esos clavos oxidados, que la pequeña Catherine descubrió en la tierra y que convirtió en las piezas de un museo en el desván. O esa visita al Louvre en la que quedó fascinada con los paisajes de Corot, Fragonard o Poussin. La belleza estaba allí, en todas partes.

Pensemos en el libro *Le Lambeau* (*El colgajo*), de Philippe Lançon, un superviviente del mismo atentado, que había resultado terriblemente herido. Él dijo que salió del infierno gracias a la cirugía de guerra, a las mujeres, a la música y a la literatura. Se sometió a diecisiete operaciones y cada vez que bajaba al quirófano llevaba un CD para dormirse escuchándolo: "La música de Bach, como la morfina, me aliviaba. Hacía más que aliviarme: liquidaba cualquier sentimiento de queja, cualquier sentimiento de injusticia, cualquier extrañeza del cuerpo. Bach descendía sobre la habitación y la cama y mi vida, sobre las enfermeras y su carrito. Nos envolvía a todos".[10] Lançon leía mucho, muy

---

[10]   Philippe Lançon, *Le Lambeau*, París, Gallimard, 2018, p. 265. Véase también la entrevista publicada en *Libération*, 11/4/2018. http://www.liberation.fr/france/2018/04/11/charlie-lancon-penser-les-plaies_1642748

despacio, páginas de Kafka, de Proust, o poemas, o incluso *Noche de reyes*, que había visto representada el día anterior al atentado: "Shakespeare es siempre un excelente guía cuando se trata de avanzar en una bruma equívoca y sangrienta. Da forma a lo que no tiene sentido y, al hacerlo, da sentido a lo que se ha sufrido, vivido".[11]

Cuando finalmente pudo regresar a casa, hizo remodelar su biblioteca: era el símbolo de su reconstrucción. "Tenía que ser hermosa, lo fue. El arte no arregla nada, pero te escolta hasta el infierno",[12] dice. Agrega que el arte es la vida transfigurada, que pone un dique a la disolución del ser.

Vemos cómo los procesos en el trabajo son complejos y entrelazados, como lo atestiguan quienes los han experimentado: la belleza al mismo tiempo aporta suavidad, apaciguamiento, envuelve, permite encontrar el ensueño, pero también da forma y significado a eventos sin sentido, pensar lo impensable en lugar de quedar atrapado para siempre en ello. Reunir los fragmentos, reorganizarlos en un todo. Aprende a decir "yo" de nuevo. E incluso acercarse a la muerte sin demasiado miedo, redescubrir la eternidad; me parece que Lacan decía de la belleza que era el último bastión antes del horror.

Arquitectura equilibrada, condensada, inesperada, es más una transfiguración que una reparación. Ofrece armonía e inteligibilidad donde reinaba el peor caos. Crear obras, pero también agarrar las que otros han diseñado,

---

[11]   *Le Lambeau, op. cit.*, p. 20.
[12]   Citado por Alexandre Demidoff en *Le Temps*, 20/4/2018. https://www. letemps.ch/culture/philippe-lancon-lecriture-vie

contemplarlas, escucharlas, leerlas, nos permite encontrar un poco de paz, sentido y deseo. Por todo este camino, es el reino de la posibilidad lo que se restablece.

Mencioné a los franceses, un griego, mencioné a niños de diferentes continentes. Aquí está un chino, en contrapunto, François Cheng, quien escribe: "Es un eufemismo decir que el hombre tiene comercio con la belleza. En el corazón de sus trágicas condiciones, es en la belleza, en la realidad, donde él extrae sentido y disfrute".[13]

Un enigma escandaloso

Sin embargo, no es sólo en condiciones trágicas que la belleza, creada o contemplada, desempeña un papel muy importante en el equilibrio de nuestros afectos y nuestra relación con el mundo. Desde temprana edad, los niños necesitan un lenguaje melodioso, canciones, cuentos, imágenes, dotados de cualidades estéticas, que les permitan experimentar un bienestar físico y psíquico muy particular. Sentir armonía, estar en sintonía con lo que les rodea y con su mundo interior. Sensación momentánea, pero que se registra en el cuerpo y en el espíritu, y deja huellas.

Muy pronto, la mayoría de los niños muy pequeños son sensibles a la belleza, como observa Gilbert Diatkine.[14] A la melodía de la voz, a los ritmos de la música y de los gestos, pero también a la belleza visual. Y el primer paisaje que los deslumbra sería el rostro de su madre, o del adulto

---

[13] François Cheng, *Cinq méditations sur la beauté*, París, Albin Michel, 2006, p. 35.

[14] "Les mots de la mère et le sentiment de la beauté" (Las palabras de la madre y el encuentro con la belleza), *Rencontre* ACCES, 15/12/2016.

que los cuida. Para Melzer, el sentimiento de belleza vendría incluso de la emoción que siente un bebé cuando ve ese rostro que lo comprende. Entonces se preguntaría si es tan hermoso por dentro como lo es por fuera. El deslumbramiento frente a las obras derivaría del deslumbramiento perplejo y a veces ansioso que siente el bebé frente al rostro de quien lo cuida. En la belleza existiría la posibilidad de encontrar ese objeto perdido.

La ilustradora Jeanne Ashbé, que ha observado mucho a los niños pequeños, también comenta que "los niños muy pequeños perciben la estética del mundo con una facilidad sorprendente".[15] Marie Bonnafé, por su parte, siempre dice que desde el primer año los bebés son *"amateurs* exigentes. Si la belleza y la melodía tanto del texto como de las imágenes no están presentes, ya no muestran ningún interés".[16]

No tengo tanta experiencia como aquellos que mencioné, pero a menudo voy a exposiciones de pintura donde los padres jóvenes suelen llevar a sus bebés o niños. Y es bastante sorprendente ver con qué intensidad éstos son cautivados por ciertas obras. Me viene una anécdota: estaba visitando una retrospectiva de la obra de Cy Twombly. Allí estaba una niña que debía tener cinco años y su padre, que caminaba a buen paso. Y ella le dice: "¡Papá, detente un poco a mirar!". Cuando ambos se detienen y contemplan un cuadro, ella comenta: "Pero el problema es que me dan ganas de hacer pipí, todos estos colores…".

---

[15] "Propos sur l'esthétique et les bébés. Dialogue entre Jeanne Ashbé et Marie Bonnafé" (Palabras sobre la estética y los bebés. Diálogo entre Jeanne Ashbé y Marie Bonnafé), *Nouveaux Cahiers d'ACCES*, febrero de 2017, p. 14.
[16] *Ibid.*

Donde vemos que la belleza tiene que ver con el cuerpo, con el placer. Y si tiene ese potencial transformador del que les he hablado largamente, al igual que esa capacidad de hacer sentir una concordia con lo que nos rodea, también tiene que ver con una pura alegría de existir.

Además, en el mundo animal, sus funciones "útiles" no lo explican todo. Los pájaros no sólo cantan para cortejar a una pareja o establecer un territorio. Quizá cantan a veces para elaborar separaciones, como hacemos nosotros: así, muchísimos pájaros practican duetos y, si uno desaparece, sucede que el otro integra en su canto el de su compañero perdido. Si reaparece, ambos reanudan su parte habitual.[17] Pero los pájaros también cantan como cantamos en la ducha.[18] Por puro placer, para celebrar el día, dispensar su vida. El mismo Darwin había notado que, después de la temporada de apareamiento, los pájaros seguían cantando para su propia diversión.

Para mucha gente, sin embargo, hay algo ahí que es casi escandaloso. Y no dejan de regresarnos a un utilitarismo estricto. Recuerdo a una maestra que conocí en Bretaña durante una investigación sobre la lectura en zonas rurales. Los domingos, cuando era niña, la gente iba a bailar a las fincas, pero, precisó, era "por algo muy útil", "para apisonar el suelo cuando estábamos rehaciendo los campos nuevos". "Siempre buscábamos la utilidad", agregó. Sí, pero también podríamos decir que aun en universos muy

---

[17] François-Bernard Mâche, "Mais où est donc le chef d'orchestre ?" (¿Y dónde quedó el director de orquesta?) en *Le Grand orchestre des animaux*, Fondation Cartier pour l'art contemporain, 2016, p. 144.

[18] Loren Riters citada por Jennifer Ackerman en *Le Génie des oiseaux*, París, Marabout, 2017, p. 198.

constreñidos, a lo útil se suma lo placentero, la armonía de una música y el placer de los cuerpos que bailan.

François Cheng, en un libro que reúne sus meditaciones sobre la belleza, siente la necesidad de comenzar pidiendo disculpas: "en estos tiempos de miseria omnipresente, desastres naturales o ecológicos, hablar de belleza puede parecer incongruente, inapropiado, incluso provocador. Casi un escándalo".[19] Sin embargo, como hemos visto, es quizá precisamente en tiempos de miseria o desastre cuando la belleza es más necesaria, y no sólo para la gente adinerada, ni mucho menos.

Hay grupos sociales más puritanos que otros, más escandalizados por el placer estético y preocupados por ponerlo en orden. Pero más allá de eso, los poderes que tendría la belleza para actuar sobre el cuerpo y la mente son frecuentemente temidos y las alertas contra sus seducciones son comunes. "La belleza no se come en ensalada", decía Lucie, que toda su vida había trabajado en el campo sin escatimar esfuerzos. Y sin embargo, ¡sí! Eso es precisamente el arte culinario y el arte del acompañamiento poético de las comidas: los niños pequeños comen mucho mejor si se les canta una cancioncilla o si se les cuenta un cuento en el que la cuchara sopera se convierte en un avión que traza espirales antes de aterrizar en su boca. Por el contrario, si sienten que uno sólo está tratando de alimentarlos, comerán de mal humor o apartarán la cuchara.

De hecho, pasa un poco con la belleza lo que sucede con el juego. David Graeber, antropólogo, testaferro del movimiento *Occupy Wall Street*, observaba que todos los animales

---

[19]   François Cheng, *op. cit.*, p. 13.

juegan, incluso las orugas, las hormigas o los cangrejos, pero que la existencia del juego en el mundo animal era considerada como una especie de escándalo intelectual y muy poco estudiada. La mayor parte del tiempo persistimos en considerar el mundo biológico en términos económicos, y todo tiene que depender de un cálculo racional de intereses. En lugar de ver el juego como una extraña anomalía, Graeber proponía considerarlo como un punto de partida. Para él, el principio del juego estaría presente no sólo en todos los seres vivos, sino que también sería la base de la realidad física, material, incluso a nivel de las partículas subatómicas, que podrían tener la capacidad de una cierta libertad, de hacer experimentos.[20]

Al igual que el juego, la belleza sigue siendo un enigma. Y uno podría divertirse considerándola como punto de partida, como hace Graeber con el juego. ¡Al principio era el juego, la canción, el acorde musical, la belleza! Pienso ahora de nuevo en François Cheng, que escribe: "Al azar de la suerte, la materia, un buen día, se volvió hermosa. ¿A menos que, desde el principio, la materia contuviera, en potencialidades, la promesa de la belleza, la capacidad de la belleza?". El universo no tenía por qué ser hermoso, insiste, "nos invita a decir que hay un significado en esta creación. La belleza conduce al significado. Y el alma humana responde a esta belleza con la creación artística".[21]

Todo esto sigue siendo bastante misterioso. "Desafortunadamente, es sobre la belleza que el psicoanálisis tiene

---

[20] "À quoi ça sert si on ne peut pas s'amuser ?" (¿De qué sirve si no podemos divertirnos?), *Revue du Mauss*, 2015/1 (n.° 45), pp. 44-57. https://www.cairn.info/revue-du-mauss-2015-1-page-44.htm
[21] François Cheng, *op. cit.*

menos que decirnos", escribió Freud.[22] La neurociencia y, en particular, esta disciplina llamada neuroestética prometen decir más sobre estos temas en los próximos años; pero hasta ahora, por lo poco que he leído, me dejan insatisfecha. "¿Por qué no decir que la actividad estética está en el fundamento de la naturaleza humana?",[23] señala Jean-Pierre Changeux. Según él, las interacciones estéticas, complementarias a la comunicación por el lenguaje, serían esenciales. Y el éxtasis estético habría quedado retenido en el bagaje de nuestra especie porque nos mantiene unidos, nos atrae los unos a los otros.[24] La convivencia se debe incluso esencialmente a este componente estético. Lo que en cierto modo encuentran quienes promueven talleres artísticos y observan con frecuencia que los participantes se sienten, poco a poco, más cercanos entre sí, más unidos, cuando comparten una experiencia estética —sobre todo los niños y las niñas—, en grupos donde inicialmente había poca intercomunicación. Por el contrario, "cuando te encuentras con la belleza, es muy triste estar solo", como decía Bartolomeu Campos de Queirós.[25] Cuando nos encontramos con una bonita escena en la calle, nos apresuramos a filmarla con nuestros celulares para correr a compartirla con nuestros seres queridos o en las redes sociales. Y para hablar de ella, contarla.

[22] *Malaise dans la civilisation* (*El malestar en la cultura*), París, PUF, 1971, p. 29. Escribió también: "El aspecto utilitario de la belleza no se muestrra claramente".
[23] Jean-Pierre Changeux, *La Beauté dans le cerveau*, París, Odile Jacob, 2016, p. 3.
[24] Dahlia Zaidal citada por Nic Ulmi, en "Pourquoi mon cerveau est-il si affamé de beauté ?" (¿Por qué está mi cerebro hambriento de belleza?), *Le Temps*, 13/7/2015.
[25] Bartolomeu Campos de Queirós, conferencia durante el Simposio del Libro Infantil y Juvenil, Colombia-Brasil, Bogotá, 7-9/10/2007.

Changeux también nos recuerda que en la creatividad científica entra en juego un componente estético-emocional.[26] Ya decía el matemático Poincaré, hace más de un siglo, que "el científico no estudia la naturaleza porque le sea útil; la estudia porque lo disfruta y lo disfruta porque es hermosa. Si la naturaleza no fuera bella, no valdría la pena conocerla, no valdría la pena vivir la vida".[27] Poincaré precisó que no se refería a la belleza que afecta nuestros sentidos, sino a aquella "que proviene del orden armonioso de las partes".

También he tomado nota de lo que dicen otros tres investigadores, Vessel, Starr y Rubin: la belleza, y sólo la belleza, permitiría una especie de unísono, un momento en el que "nuestro cerebro detecta una cierta 'armonía' entre el mundo externo y nuestra representación interior de nosotros mismos",[28] pudiendo uno y otra interactuar, influirse y remodelarse mutuamente. Siempre volvemos a esos momentos privilegiados en los que sentimos una sensación de armonía entre nosotros y el mundo.

El derecho a la belleza

Todo esto para decir que la belleza es, en muchos sentidos, una dimensión esencial para los humanos (y quizá para los animales), una necesidad universal, aunque respondamos a ella de formas muy diferentes según la época, los grupos

---

[26] *La Beauté dans le cerveau*, op. cit., p. 21.

[27] Henri Poincaré, *Science et méthode*, París, Flammarion.

[28] Edward Vessel, Gabrielle Starr y Nava Rubin, Art reaches within: aesthetic experience, the self and the default mode network. https://www.ncbi.nlm.nih.gov/pmc/articles/PMC3874727/

culturales, las categorías sociales y los rasgos individuales. Algunos son más bailarines, más narradores, más pintores, pero siempre hay una poética, la utilidad no nos basta. Y desde el momento en que tenemos esta necesidad de belleza, todos tenemos derecho a ella. "El derecho a la belleza debería ser el resumen último de los demás derechos humanos", dice Luis García Montero.[29] Y Julieta Pinasco nota: "Todos los niños deben ser arrimados a una experiencia estética, la que sea".[30]

Sin embargo, vivimos tiempos en los que, en casi todas partes, este derecho a la belleza se ve socavado, y se pide a las instituciones educativas y culturales que desarrollen tan sólo los campos que tienen una utilidad mensurable. "Las artes y las humanidades están amputadas, tanto en el ciclo primario como en el secundario y en la universidad", señala Martha Nussbaum. "Los formuladores de políticas las ven como adornos innecesarios en un momento en que los países necesitan deshacerse de todas las cosas innecesarias para seguir siendo competitivos en el mercado mundial."[31]

También vivimos en un mundo hoy en día muy dañado, como lo canta Dominique A:

Vemos carreteras, almacenes, mercados
Grandes letreros rojos y estacionamientos llenos
Vemos paisajes que no se parecen a nada
Que se parecen entre sí y que no tienen fin

---

[29] "Teoría del Sur", El País, 17/8/2008. https://elpais.com/diario/2008/08/17/opinion/1218924012_850215.html

[30] "Leer: la mirada de los otros", Aquatica, 28/12/ 2014. http://acuaticas.blogspot.fr/2014/12/leer-la-mirada-de-los-otros.html

[31] Cf. Martha Nussbaum, Les Émotions démocratiques (Las emociones democráticas), París, Climats, 2011, p. 10.

Devuélvannos la luz, devuélvannos la belleza
El mundo era tan hermoso y lo hemos arruinado…

Al mismo tiempo, es también la lengua la que se ha empobrecido. Como dice Zahia Rahmani, "Del mundo hemos deshecho el canto"[32] (volveré a esto más adelante). En nuestras sociedades, la belleza es asunto de especialistas. O aparece como privilegio de los ricos y se reduce al arte de la ostentación.

Sin embargo, "no todos son artistas, pero cada alma tiene un canto",[33] como dice François Cheng. Y el gusto por crear belleza persiste en muchas profesiones, incluso en las más humildes. La forma en que, en los mercados, las mujeres campesinas presentan sus productos suele ser llamativa. Recuerdo en Girona a una mujer que había dispuesto lo poco que tenía para vender, bolsitas llenas de caracolitos, dos manojos de tomillo y violetas, en una bella composición. También leí un día una larga entrevista con una señora de la limpieza que decía que disfrutaba creando poco a poco un mundo más bonito donde, cuando llegaba, todo era un caos. Y es cierto que estos gestos, tantas veces menospreciados, contribuyen a brindar, en el día a día, un ambiente más armonioso, más equilibrado.

No todo está al mismo nivel, el gesto de la campesina que arregla sus ramos de tomillo y sus violetas, y el de un artista que, tras una vida dedicada a la creación, ofrece una obra que conmocionará a muchos de nosotros. Pero puesto que "toda alma tiene un canto" y que todos tienen sed de

---

[32] *"Musulman". Roman*, París, Sabine Weispieser, 2015, p. 45.
[33] François Cheng, *op. cit.*

belleza se les debe dar más oportunidades para afinar su atención, sus sentidos, porque es un cierto estilo de atención, abierto, antieconómico, alejado de una lógica de rendimiento, lo que nos haría encontrar cosas bellas, si escuchamos a Jean-Marie Schaeffer.[34] Más posibilidades de expresarse de forma estética, así como de acceder a obras que expresan lo más profundo de la experiencia humana, lo más sorprendente del mundo que nos rodea, de forma trabajada, condensada, equilibrada. De experimentar con ello paz, alegría, asombro. Y sentir dignidad, orgullo.

"Enseñar a acoger la belleza"

"La belleza es un derecho y hay que pensarla, ponerla al alcance de todos", dice Christiane Taubira, exministra de Justicia. Una mujer notablemente inteligente, nacida en Guyana, que sufrió inmundos ataques racistas. Dice que sólo los poetas hicieron algo para sacarla de allí, y que al racismo hay que responder con una alegría de vivir indestructible. También dice que urge enseñar a acoger la belleza, porque "esta demanda de belleza está ahí, latente o impaciente, indolente o diligente. Sucede que se envuelve en un grito".[35]

"Enseñar a acoger la belleza", sobre todo para que no haya un "demasiado", para que no se desencadene una tristeza insondable, una conmoción o un conflicto, es todo un arte practicado día tras día por muchas mujeres y hombres, profesores, bibliotecarios, promotores de la lectura,

---

[34] *L'Expérience esthétique* (*La experiencia estética*), París, Gallimard, 2015.
[35] Christiane Taubira, *Murmures à la jeunesse* (*Murmullos para la juventud*), Philippe Rey, 2016.

narradores, artistas… Mencionaré aquí dos experiencias que tienen como marco la escuela, institución donde la presión por privilegiar "lo útil", los llamados saberes "fundamentales", es muy fuerte y donde, sin embargo, los maestros no dejan de crear un diálogo entre la emoción estética y el intelecto. De "reconciliar la búsqueda de la belleza y la búsqueda del conocimiento, de reducir la distancia entre arte e información", en palabras de Paula Bombara.[36]

En *Leer el mundo* mencioné el taller artístico en torno al mito de Orfeo concebido por Marielle Anselmo, en una clase destinada a integrar en el sistema escolar a chicos y chicas de dieciséis a dieciocho años que acababan de llegar a Francia (con Orfeo redescubrimos el infierno y el canto). Previamente, algunos habían cruzado mares y desiertos y se habían enfrentado a la violencia o a la muerte:

[…] ya sea que la partida sea deseada o impuesta, todos estos estudiantes tienen en común una expatriación: la pérdida de un país. A menudo habían perdido mucho al irse.

La pregunta que me hice, frente a ellos, como docente, con mi herramienta, que es la literatura, fue ¿cómo trabajar la pérdida? Cómo trascenderla, para llegar a trabajar, muy simplemente. Pero ¿cómo no trabajarla en una proximidad demasiado importante, una proximidad cegadora, que haría imposible el trabajo? Aquí es donde interviene la obra

[36] "Cuando la curiosidad florece y nos amplía la mirada", *Linternas y bosques*, 1/4/2019. https://linternasybosques.com/2019/04/01/cuando-la-curio sidad-florece-y-nos-amplia-la-mirada-o-que-es-esa-cosa-llamada-di vulgacion-cientifica-por-paula-bombara/

literaria, a través del distanciamiento que ofrece. Estos estudiantes, cuando llegan, a menudo no quieren hablar de su historia inmediata, especialmente si es dolorosa. Algunos no quieren oír hablar de eso. Es para estos estudiantes, en particular, que surge la pregunta de ¿cómo trabajar?

Trabajar sobre los mitos griegos o latinos es una de las posibles respuestas. Los mitos son interesantes porque a través de sus rasgos arcaicos permiten una confrontación, un diálogo de los *ethos*. La distancia del mito puede ser el lugar de una "extrañeza inquietante", o de una productiva "familiaridad inquietante", un espejo en el que nos vemos, nos reconocemos sin reconocernos. Trabajar del lado de la pedagogía de proyectos es otra parte de la respuesta.[37]

Así pues, Marielle Anselmo eligió el mito de Orfeo, pensando que permitiría trabajar sobre la pérdida y la sublimación. Durante un año trabajó con una directora, una actriz y un coreógrafo, culminando con un espectáculo presentado en un escenario nacional. A lo largo de los meses, observó cuánto les daba seguridad en sí mismos el trabajo en torno al mito, cuán cercanos, solidarios, afectuosos se volvían. "Cuando vi el espectáculo, lo que me sorprendió fue su belleza, su gracia", comentó.

Tiempo después, Marielle Anselmo me comentó que varios de sus "Orfeos", como ella los llama, se habían graduado con honores. Cosa que no la sorprendió porque académicamente habían "dado un brinco". Me volvió a hablar del

---

[37] "Enseigner la littérature en UPE2A : fonctions, enjeux et défis" (Enseñar la literatura en UPE2A: funciones, implicaciones y desafíos), en *Échantillons représentatifs et discours didactiques*, dir. Michel Liu, París, Éditions des Archives Contemporaines, 2022.

hecho de que le había impresionado su belleza cuando había visto el espectáculo. A mí también, eso me llamó la atención cuando asistí. Y me acordé de una mesa redonda sobre educación artística. Una investigadora dijo que había observado algo que dudó en mencionar porque era "poco científico": a lo largo de los talleres que acompañaba, los participantes se volvían hermosos. Sus colegas se permitieron entonces decir que habían hecho la misma observación. Lo que puede hacer la fuerza de un texto, de una obra, de un gesto estético, cuando realmente uno se apropia de ellos, cuando el cuerpo es tocado y transformado. Otros notan que los adolescentes se "despliegan" allí corporalmente.

Cabe señalar de paso que los alumnos de Marielle han "dado un brinco", como ella dice. Tales experiencias, por lo tanto, también tienen efectos muy útiles en el campo estrictamente educativo. Lo que observan muchos profesores y confirman estudios como el realizado por el National Endowment for the Arts en Estados Unidos.[38] Unos investigadores examinaron minuciosamente el desarrollo de los estudiantes durante varios años en Inglaterra, Australia y Estados Unidos. Concluyen que, en estos países, los jóvenes de las clases más pobres son los que parecen beneficiarse más de la exposición a las artes en la infancia y la adolescencia. Así, la tasa de abandono durante la educación secundaria alcanzaría 22 por ciento entre los alumnos que no participaron en actividades culturales, pero sólo 4 por

38 Véase Isabelle Paré, "L'éducation aux arts est un facteur de réussite scolaire et sociale" (La educación artística es un factor de éxito escolar y social), *Le Devoir*, 18/10/2012. https://www.ledevoir.com/culture/361675/l-education-aux-arts-est-un-facteur-de-reussite-scolaire-et-sociale

ciento de los iniciados a las artes en edad escolar. Solamente 6 por ciento de los jóvenes de entornos desfavorecidos
consigue obtener el bachillerato, pero esta tasa asciende a
18 por ciento entre los que han podido participar en actividades culturales a una edad temprana. Y la educación artística no sólo mejoraría los resultados académicos de estos
estudiantes, sino que aumentaría sus posibilidades de éxito
profesional posterior. ¡Incluso los convertiría en ciudadanos
más involucrados en actividades voluntarias o comunitarias, que leen un periódico con más frecuencia y participan
más en las elecciones!

Sin embargo, no reduzcamos la educación artística a sus
beneficios "útiles". Como nos lo recordaba una maestra,
"no se puede invitar a los niños a hacer música para ser
buenos en matemáticas o para ser buenos ciudadanos".[39] De
manera similar, como dijo la psicoanalista argentina Silvia
Bleichmar: "No podemos decirles a los chicos que tienen
que ir a la escuela porque así se ganarán la vida. [...] Tenemos que terminar con esta idea que les planteamos a los
chicos de que el único sentido de conservar su vida es para
que trabajen y sobrevivan: el sentido de conservar su vida
es para producir un país distinto en donde puedan recuperar los sueños. Y la escuela es un lugar de recuperación de
sueños, no solamente de autoconservación".[40]

[39] Citado en *Rapport sur la politique des pouvoirs publics dans le domaine de l'éducation et de la formation artistiques* (Informe sobre la política de los poderes públicos en el campo de la educación y de la capacitación ar-tísticas) presentado por Muriel Marland-Militello, Asamblea Nacional, 2005. https://www.assemblee-nationale.fr/12/rap-info/i2424.asp
[40] Silvia Bleichmar, "Violencia social-violencia escolar. De la puesta de límites a la construcción de legalidades. Subjetividad en riesgo: herra-mientas para su rescate", *Noveduc*, 2012, p. 132.

Me gusta mucho esta idea de la escuela como "lugar de recuperación de sueños". Así como me gusta la idea de "poetizar la situación escolar" que inspira a Jessica Vilarroig, otra profesora de literatura que, tras haber trabajado en barrios del exilio, imparte clases en el anexo de un instituto integrado en un hospital psiquiátrico. Ella señala que lo que observamos, lo que experimentamos en contextos críticos trae lecciones mucho más amplias.

Jessica Vilarroig tiene una ambición que me parece... muy hermosa, la de reintroducir la ensoñación en las situaciones de aprendizaje. En efecto, comenta, no queda sino "advertir una progresiva erradicación de la ensoñación en la situación escolar", lo que también es cierto en los llamados establecimientos de excelencia, donde los alumnos son considerados en adelante como un ejército, a quienes se les pide que "funcionen con ciega docilidad", y precipitadamente.

Jessica estaba harta de esta "política de inmediatez tiránica", esta ideología de la productividad. A través de los textos literarios, quiso "relanzar la actividad poética y utópica [de] los estudiantes despertando nuevos deseos alimentados por referencias de calidad, verdaderamente interiorizados", para que el conocimiento recupere su función de iniciación profunda a la vida.

"Lo que aporta el texto literario en su poder estético", dice, "es una súbita inteligibilidad y una organización que la realidad no incluye y es precisamente esta distancia con la realidad la que hace efectiva la catarsis, dando a veces al estudiante la sensación de una resolución, en forma de esclarecimiento existencial".[41] Le da así gran importancia a

[41] Jessica Vilarroig, *Les Refus d'apprendre. L'élève, son professeur et la littérature*

la gestión de las emociones, a cómo identificarlas, contenerlas para convertirlas en "algo transmisible y estético", pero también a la elaboración del pensamiento, a las actividades reflexivas. Busca "reemplazar el pensamiento calculador, que piensa sólo en el beneficio inmediato de prestación y rendimiento, por un pensamiento meditativo y secundario más lento, pero más auténtico".[42]

El desafío para ella es, pues, el reencantamiento de la realidad escolar —y de la realidad en general—, gracias al espacio de la ensoñación, lugar de elaboración de todas las posibilidades. Es también el enriquecimiento de las funciones del lenguaje, en estos tiempos en que se convierte esencialmente en "un arma de defensa, protección, supervivencia o dominación" (como en los foros de la televisión, donde sólo sirve para interrumpir y negar a los demás).

De lo que ocurre en sus clases, Jessica da muchos ejemplos, como esas sesiones realizadas en un barrio del exilio, donde los alumnos trabajaban en la escritura del juicio ficticio de Antígona antes de representarlo: "Descubrí el poder retórico de ciertos alumnos que habían permanecido hasta entonces en la parte de atrás de la clase, ocultos bajo sus capuchas, en posturas de indiferencia o de oposición activa. El descubrimiento de las potencialidades de estos alumnos reveladas por el juego, la belleza de sus palabras y también de su presencia [encontramos lo que había señalado Marielle Anselmo durante el trabajo sobre el mito de Orfeo], el descubrimiento de su capacidad de identificarse a través

---

(*Las negativas a aprender. El alumno, su profesor y la literatura*), Ginebra, Éditions ies, 2017, p. 145.

[42]   *Ibid.*, p. 150.

del intermediario del juego y de comprender las implicaciones profundas del mito, dieron un nuevo impulso a la joven maestra que era entonces...".[43]

Hay muchos aspectos que no he mencionado. Como el hecho de que lo bello no es lo bueno, aunque muchas obras transmiten un mensaje ético. Hablamos mucho de empatía, pero la belleza creada o contemplada no es suficiente para hacernos sensibles a los sentimientos de los demás, o más benévolos. A menudo hace falta un acompañamiento, una escucha, muchas conversaciones. Para que las palabras de la literatura, el lenguaje del arte o de la ciencia hagan que el mundo sea un poco más amistoso y habitable, son necesarias de entrada otras palabras, las de un iniciador, que acoja y que sueñe el mundo con uno. Y es aquí también donde el papel de los mediadores es tan importante. No confundamos los campos estético, ético y político, pero reconozcamos que la belleza es una dimensión humana fundamental, no un lujo. Y si no lo hace a uno virtuoso, estar privado de ella puede desencadenar una rabia destructiva, una envidia llena de odio. O una fragilidad frente al primer charlatán que pase y se aproveche de nuestro desamparo con frases bien elaboradas.

---

[43] *Ibid.*, p. 111.

Apéndice
Las palabras más justas

Mientras releo este capítulo, se está celebrando en París el juicio de los terroristas de los atentados del 13 de noviembre de 2015, donde murieron 130 personas y 413 fueron hospitalizadas por lesiones, muchas de ellas muy graves. Jóvenes, en su mayoría, que asistían a un concierto de rock en un teatro, el Bataclan, o que estaban con amigos en las terrazas de los cafés. Todos los días, los sobrevivientes tratan de dar cuenta de lo que han vivido en historias de las que los periódicos publican extractos. Y me sorprende, al leerlas, que estos sobrevivientes rara vez se limitan a un relato puramente fáctico. Desde la misma noche del atentado se les habrían ocurrido comparaciones o metáforas: durante las primeras ráfagas de Kalashnikov, el foso de la orquesta donde se encontraban de pie muchos jóvenes espectadores "se acuesta como un campo de trigo", piensa Benjamin, "como un juego de fichas de dominó", piensa Carole.[44] El silencio que sigue "fue como en una catedral" para otro. Y la explosión cuando un terrorista activó su cinturón explosivo "fue como nieve" para Caroline, quien también piensa: "Ellos son cazadores, nosotros somos las presas". Pierre-Sylvain, a su vez, camina "sobre una alfombra de cuerpos". Y Gaëlle se despierta en cuidados intensivos "conectada a máquinas, como en una nave espacial".[45]

---

[44] *Le Monde,* 16/10/2021, de donde procede la mayoría de las frases aquí citadas. https://www.lemonde.fr/societe/article/2021/10/16/proces-des-attentats-du-13-novembre-au-bataclan-retour-d-entre-les-morts_6098615_3224.html
[45] *France Inter,* 10/7/2021.

A partir de esa noche, también habrían surgido en la mente de varios de ellos referencias culturales, tomadas de un juego, de una canción, de una película, de una tira cómica, de un mito: Shaili piensa en la letra de una canción de una banda de rock: *Don't speak, don't move, even whisper.* Clarisse recuerda una película: "Vi en un destello: *GoldenEye*, James Bond. Empecé a romper el techo a puñetazos".[46] Y huye hacia el entretecho, seguida por otros. Teresa ve llegar la columna de la brigada policial "como el ejército de los romanos en *Astérix*, avanzando a pasos muy pequeños". Y cuando los sobrevivientes finalmente pueden salir de la habitación, mientras la policía les dice que no miren la masacre que los rodea, Thibault "piensa en Eurídice y Orfeo. Salimos del infierno, y no debemos mirar. Y sin embargo, miramos".

Tales referencias también surgieron en los familiares de las víctimas cuando tuvieron que reconocer los cuerpos de los asesinados, como este padre que dice: "Hugo parece estar durmiendo. Pensé en '*Dormeur du val*': tenía dos agujeros en el lado derecho".[47] Ante el anuncio de la muerte de su hijo, Daniel piensa en el título de Milan Kundera: *La vida está en otra parte.*

En un intento por dar forma a lo vivido y transmitirlo, quienes estuvieron esa tarde en el Bataclan, el Carillon, el Petit Cambodge o La Belle Équipe no pudieron limitarse a contar lo real, la sangre sobre la que resbalaban, los cuerpos despedazados o los rostros en girones, los gritos o los

[46] *Le Monde*, 10/7/2021.
[47] "Le Dormeur du val" es un poema de Rimbaud que evoca a un joven soldado muerto, que termina con: "Duerme al sol, la mano sobre el pecho,/Tranquilo. Hay dos agujeros rojos en el lado derecho".

gemidos de los heridos. De lo real, Lacan decía que era lo imposible, el resto, el desecho, lo que está fuera del lenguaje y de las imágenes, lo que no tiene sentido. Clarisse, esperando las balas, habría pensado: "¿Cómo es cuando estás muerto de verdad? ¿Quizá ya lo estoy? Inspecciono mi cuerpo, es irreal".

No sé si para algunos de los supervivientes la lectura de obras literarias fue beneficiosa, como lo fue para Philippe Lançon tras el atentado de *Charlie Hebdo*. Algunos dicen que ya no pueden leer. "Hace seis años que no puedo terminar un libro", dice Marie. Pero en los días que siguieron o tiempo después, muchos sintieron la necesidad de escribir un texto que leyeron el día de la audiencia. No fue fácil: "A pesar de los seis años que llevo buscando las palabras, no logro despejar la cortina de humo que las cubre. ¿Cuáles son las palabras más justas para contar mis recuerdos?", observa David Fritz-Goeppinger en el libro de registro que lleva durante el juicio.[48]

"Las palabras más justas": de eso se trata. Durante la acusación, una de los representantes de la Fiscalía Nacional Antiterrorista evocará la belleza de estas historias, la "belleza de las palabras frente a la retórica simplista de un discurso balbuceante…".[49] No sé si estas historias de los sobrevivientes son hermosas, pero las palabras que usan suenan justas. Ya no es una lista de muertos y heridos, indiferenciados, son relatos llevados por voces singulares, conmovedoras,

[48] *FranceInfo*, 10/6/2021. https://www.francetvinfo.fr/faits-divers/terroris me/attaques-du-13-novembre-a-paris/proces-des-attentats-du-13-no vembre-2015/proces-du-13-novembre-le-journal-de-bord-d-un-ex- otage-du-bataclan-semaine4_4797075.html

[49] *Le Monde*, 6/9/2022.

condensadas, con frases a menudo breves y contundentes. ¿A la altura de lo que han vivido?, sólo ellos pueden juzgarlo. Con todas estas voces únicas, es una historia colectiva, un "nosotros" que se está construyendo gradualmente, explica Pierre-Sylvain, también sobreviviente:

> Al principio, no sabía qué esperar de este juicio. […] Me impactó, los testimonios me conmovieron todos, todos, todos. Me permitió entender la dimensión de estos ataques, mucho más allá de lo que había imaginado. Espero que la sociedad civil pueda comprender realmente la suma de los daños que esto ha causado. Todo ello se constituye a través de un relato que se convierte en relato colectivo en un espacio transformado en santuario. Allí se les permite a todas las víctimas expresarse, para que nadie sea excluido. Construir esta historia colectiva puede convertirse en un patrimonio común para avanzar juntos, superar el acontecimiento y lograr que esta carga sea mejor compartida. Este espacio de palabras es fundamental. Esto es lo que crea significado. Inicialmente, mucha gente vio esta prueba como una conclusión, una culminación, yo la veo como el comienzo de un camino.[50]

[50] *Le Monde*, 16/10/2022.

Palabras habitables (y las que no lo son)

> Lo que estoy tratando de encontrar es
> música.[1]
>
> MAYLIS DE KERANGAL

ESCRIBO ESTAS LÍNEAS EN UNA ISLA del mar Egeo. Aquí me expreso en griego todo el día, en inglés por la noche con amigos de todo el mundo, sueño, pienso y escribo en francés, mi lengua materna, y me duermo después de leer algunas páginas de un libro en español, un idioma que aprendí en mi adolescencia, cuando vivía en Colombia. Muy pronto tuve la oportunidad de vivir entre varios idiomas, varios países, y supe que apropiarse de varias culturas, cuando no se hacen la guerra, podía traer mucha alegría y libertad, y agrandar considerablemente nuestros espacios interiores. También sabía que dejar un lugar donde uno había vivido era doloroso, pero que uno podía llevarlo dentro de sí y encontrarlo por caminos inesperados.

Mucho después, en la década de 1990, realicé numerosas entrevistas para la investigación con jóvenes que frecuentaban bibliotecas en barrios populares.[2] Muchos eran hijos del exilio, de hombres y mujeres que habían dejado el país donde nacieron con la esperanza de una vida mejor en otro lugar. Estos jóvenes a veces evocaban encuentros,

---

[1] Clase magistral en la Biblioteca Nacional de Francia, 6/6/2017.

[2] Michèle Petit, Chantal Balley y Raymonde Ladefroux, con la colaboración de Isabelle Rossignol, *De la bibliothèque au droit de cité* (*De la biblioteca al derecho de ciudadanía*), París, BPI/Centre Georges Pompidou, 1997.

lecturas, a veces simplemente algunas frases que les habían permitido reconciliar las culturas en las que participaban en lugar de sentirse rechazados por todos lados. El haber hecho que sus voces viajaran en publicaciones me ha dado la oportunidad de que se me solicite a menudo hablar sobre migrantes, refugiados, multipertenencia, aunque sentía tener poca competencia para hacerlo.

Hoy en día esto es una cuestión crucial: de acuerdo con el informe *Tendencias mundiales* del Alto Comisionado para los Refugiados, el número de desplazamientos forzados se ha duplicado en diez años.[3] Y obviamente seguirán, con la multiplicación de los conflictos armados, el cambio climático, el empobrecimiento de regiones enteras tras la pandemia... y la reducción de la población europea en edad de trabajar.[4] Ahora bien, en muchos lugares, la pandemia ha exacerbado el discurso de odio, los ataques racistas y xenófobos. Aprender a conocer a los demás, a temerles menos, es aún más urgente que antes. Considerar la multipertenencia como una oportunidad más que como un problema también lo es.

Así pues, volví a reflexionar sobre la transmisión cultural y sus desafíos a partir de la recopilación de memorias de mujeres y hombres que crecieron fuera de donde nacieron sus padres, y me interesé en los talleres de educación artística dirigidos a exiliados. Todo esto confirmó lo que sabía

---

[3]   *UN info*, 18/6/2021. https://news.un.org/en/story/2021/06/1098432

[4]   "Hacen falta cientos de miles de personas en el campo de la atención médica, hacen falta decenas de miles de ingenieros y para 2030 la población en edad laboral de Europa se habrá reducido en 12%". ("Le débat sur la migration légale vers l'UE rouvert par Bruxelles" [El debate sobre la migración legal a la UE reabierto por Bruselas], *Le Monde*, 27/4/2022.)

por experiencia personal, a saber, que vivir entre varios idiomas, varias culturas, no era un problema. Es el destino, o la elección, de muchos niños y adultos en múltiples regiones del mundo, que pasan sin problemas de un idioma a otro y hacen que las culturas en las que participan dancen juntas. Además, no hace falta recordar que una cultura es siempre compuesta, plural, y está siempre en movimiento. Lo que implica fuertes consecuencias, en cambio, es cuando una cultura es aplastada, despreciada, cuando la única transmisión que existe es la de los silencios en las páginas oscuras de la historia, la de la humillación, la de la vergüenza, la de la rabia.

Es nocivo también cuando hay niños, adolescentes, que sólo oyen hablar un lenguaje utilitario, cuando las palabras están apagadas y no les permiten, o dejan de permitirles, sentir de vez en cuando una armonía con el mundo que les rodea. Esto no sólo es cierto para aquellos cuyos padres han migrado y que frecuentemente viven en las afueras de las ciudades. Para todos nosotros, aferrarse al mundo, sentirse parte de él, es en gran medida una cuestión de lenguaje.

Abrir un mundo invisible que hace habitable el mundo real

A modo de introducción, tomaré un ejemplo del escritor griego Yannis Kiourtsakis. En una novela, en gran parte autobiográfica, evoca una "escena primitiva de afecto maternal" que, sin embargo, presenta a su padre (lo que muestra que, también aquí, puede haber flexibilidad): "Mi padre sentado en una silla, conmigo de rodillas, haciéndome comer mi papilla con una cucharita, tarareando a cada sorbo: 'Bebe el bey, / bebe el agá, / bebe el hijo del bey', y me hace bailar. Esta cancioncilla y esta ceremonia me habían cautivado a tal grado que muchas veces me negaba a comer si me privaban de ella".[5]

Más tarde, su padre dedicaría mucho tiempo a contarle cómo era la Creta en la que había vivido, el barrio antiguo de La Canea, con sus calles estrechas, sus vendedores ambulantes vestidos con pantalones anchos que vendían a gritos el jarabe de algarroba, "que lo servían, helado en pleno verano, conservando el recipiente en un poco de nieve fresca" (y el niño se asombraba "al pensar en esta nieve que nunca se derretía, en estos hombres que escalaban esos picos para recogerla, luego caminaban durante horas y horas para llegar al pequeño pueblo"). Mil detalles, mil historias, que componían un paisaje que no se parecía en nada a la Atenas de los años cincuenta, donde crecía el muchacho, pero que "era tan real como el mundo que podía tocar"; "era un mundo que complementaba y ampliaba el mío y donde me parecía que yo también ya había vivido".[6] Otro mundo donde "desembarcábamos usando uno de esos fantásticos barcos que los hombres habían inventado para hacer este viaje imposible: historias, imágenes, libros…".

Este otro mundo, inasible, invisible pero tan real como el mundo que podemos tocar y que lo prolonga, son las culturas orales, mucho más que las escritas, las que durante mucho tiempo han permitido configurarlo. Como para ese niño con la cancioncilla y el bailecito que la acompaña, y la evocación de un mundo colorido del que se apropiará hasta

---

[5]   Yannis Kiourtsakis, *Le Dicôlon*, Lagrasse, 2011, p. 92.
[6]   *Ibid.*, pp. 97-99.

el punto de tener la sensación de que su infancia comenzó en el siglo xix. Y estas culturas orales incluyen no sólo rimas infantiles, canciones, refranes, mitos o leyendas transmitidos de una generación a otra, sino también anécdotas, recuerdos contados en un lenguaje que difiere un poco del habla relajada de los intercambios ordinarios, más poética, rítmica, narrativa: "Todas estas historias parecían provenir de un mismo gran cuento, que escuché sin cansarme nunca", dice el narrador.

A veces son incluso historias de sueños que abren las puertas a otro lugar, a otro mundo, como para Rachid Bouali, que recuerda a su madre: "en casa, en la mesa, decíamos cuentos fácilmente. ¡No es un trabajo, es una higiene de vida! Por ejemplo, en la mañana, mamá nos contaba sus sueños. Se ponía su pañoleta multicolor, sus grandes aretes, se le veía la garganta tatuada, el rostro nublado por el humo de su tazón de café y decía: 'Tuve un sueño esta noche, increíble, que no te imaginas'".[7]

Una higiene de vida, como dice, o un arte de vivir, gracias al cual el mundo cotidiano de los niños (y el de los adultos) se veía ensanchado, abierto a otros paisajes un tanto fabulosos, dotado de fantasía, belleza y sentido. Todo un conjunto de palabras, leyendas, historias, que abrían un mundo paralelo que, sin embargo, los anclaba en el mundo real haciéndolo deseable, habitable. Porque desde muy temprana edad, el lenguaje metafórico y narrativo, esa parte esencial de la transmisión cultural, parece estar íntimamente relacionado con la posibilidad de encontrar un lugar. De sentir que no sólo estamos conectados con aquellos que

[7]   *Revue des livres pour enfants*, número especial 3, octubre de 2016.

estuvieron allí antes que nosotros, sino íntimamente en relación con lo que está alrededor, que somos parte de eso, que nos apegamos a eso.

"Cuando hablaba, era como un canto"

Otro ejemplo nos lo da Fatima Sissani, cuyos padres dejaron una región de Argelia, Cabilia, para venir a trabajar a Francia hace unos cuarenta años. Fatima Sissani hizo una película, *El idioma de Zahra*, cuando ella y sus hermanas se dieron cuenta de que el idioma que hablaba su madre no era sólo una herramienta de comunicación, sino que tenía muchas otras dimensiones. Sus padres campesinos eran "analfabetos muy cultos", que hablaban un lenguaje pulido, metafórico, poético, portador de mitologías. Su madre, Zahra, no había querido aprender francés porque le había costado mucho vivir el exilio impuesto por la pobreza y por su marido, pero siempre les había hablado a sus hijos: "Mi madre nos construyó gracias a la lengua cabila", dice Fatima. Este idioma fue "una biblioteca viva que arrulló nuestra vida familiar". Les había contado historias, cuentos, les había dicho proverbios, cuando eran pequeños, y los recordaban con alegría: "Cuando hablaba, era como un canto. Y vemos en la película a Zahra diciéndole a uno de sus nietos que "Dios le dio la garganta de un cisne". O, cuando ora, pedir que a sus hijos se les den "higos sin amargura"; o que sus hijas sean esperadas por sus maridos como se espera "la luna nueva".

Fatima Sissani explica:

Los cabilas existen principalmente a través del habla. Cada gesto, cada momento de su vida cotidiana puede dar lugar a un lenguaje de versos, metáforas, proverbios... ¿No se dice que en esas estribaciones montañosas de las que son habitantes, la justa oratoria era un ejercicio común? Una realidad que es difícil de imaginar cuando uno se adentra en la sociedad de la inmigración, donde estos hombres y mujeres, a menudo analfabetos, son relegados exclusivamente al rango de afanadores y amas de casa... Y por ello, es difícil imaginar los oradores en que se convierten cuando vuelven a su idioma. Esta realidad, la presentía. Me di cuenta de toda su agudeza, medí su dimensión filmando a mi madre, su vida cotidiana y su historia.

Vi, fascinada, a una mujer anclada en su lengua de manera indefectible. Una mujer que revela una oralidad transmitida de generación en generación. Una lengua portadora de elocuencia y poesía para contar la infancia bucólica, el exilio, la pobreza... Esta lengua es el último equipaje que se han llevado consigo miles de emigrantes cabilas...[8]

"En su idioma, son oradores y poetas. En el lenguaje de la inmigración, son cojos y fuerza de trabajo", dice Fatima Sissani. Estaba "cansada de la mirada de la sociedad francesa sobre la primera generación de emigrantes. Cansada de ver cómo ésta sociedad ignoraba la cultura de la que son portadoras estas personas. Eran percibidos como nativos sin cultura.[9] Sin embargo, fueron los depositarios de una civilización milenaria. Durante un verano en el campo, filmó a su madre y a sus amigas, y las vemos improvisando poemas colectivos

---

[8] http://lalanguedezahra.blogspot.fr. Ver también un extracto: https://vimeo.com/15251885
[9] Entrevista a Fatima Sissani, *berberes.com*, 5/9/2012. http://www.berberes.com/culture/3414-le-kabyle-la-langue-de-zahra

mientras cortan el heno, llamando al monte, a la perdiz, al halcón, a los ancestros. Estos poemas las conectan con el universo que las rodea, con el mundo natural, con el mundo sobrenatural también, a veces. Las palabras componen un mundo muy habitable. Una mujer mira el paisaje y dice: "Estas montañas son nuestra vida, nuestra alma". La película también muestra cuánto puede este lenguaje transformar las preocupaciones y las penas en belleza: "Tan pronto como algo me preocupa, le encuentro un poema", dice una joven. "Es una manera de recordar lo que has pasado. El poema se convierte en un apoyo. Los que componen son los que sufren. Cuando lo digo, me siento mejor. Terminar un poema me llena de alegría". Entonces, el poema no sólo alivia el sufrimiento, sino que "llena de alegría". Tiene un poder de transfiguración.

La escritora Zahia Rahmani también ha evocado a menudo la fuerza poética del relato transmitido por la tradición oral, un "relato geográfico, histórico y físico del Magreb". Exiliada de niña en Francia, viviendo en un campamento donde se reunían antiguos auxiliares del ejército francés como su padre, recuerda: "En Francia salíamos de un vacío, de una procedencia sin genealogía y es a costa de esta negación como debíamos ser acogidos".[10] Pero su madre había transformado con sus cuentos el país perdido de la infancia en una tierra de luz. No sólo les contó a sus hijos la epopeya familiar, sino que evocó todo el universo natural y fabuloso que la rodeaba. En un texto publicado en el catálogo de MUCEM, *Made in Algeria*, Zahia Rahmani escribe:

---

[10]   Zahia Rahmani, *France. Récit d'une enfance* (*Francia. Relato de una infancia*), París, Sabine Wespieser 2006, p. 37.

Yo supe muy pronto lo que eran un antílope, un león, una pantera, un halcón, una perdiz, una gacela, un avestruz y sorprendentemente un elefante. Mi madre perpetuaba historias sobre estos animales por la pura fuerza de la descripción y a falta de cualquier imagen, de cualquier libro. Recordar la existencia de toda esta fauna como si todavía estuviera allí, presente en su infancia, rodeándola, como su relato aún en presente de la muerte del último elefante del norte de África, que no obstante había desaparecido de esos lugares hacía largos siglos, o las fabulosas historias de estos densos y majestuosos bosques en los que los hombres conversaban con las sombras, era mantener viva la memoria de una Argelia que la conquista cubriría y destruiría.[11]

Porque apenas ocupado, este país había sido "destruido en sus cimientos". Los conquistadores no querían tener nada que ver con el poder de este lenguaje poético, de esta transmisión. Sin embargo, éste había sido durante mucho tiempo parte de la "práctica de la resiliencia". En consecuencia, no es de extrañar que un gran número de argelinos se mostraran reacios a "confiar a sus descendientes a una escuela francesa que rechazaba la aportación del multilingüismo. Abandonar la lengua es también perder la cultura. ¿Y qué queda cuando desaparecen el cuento, lo fabuloso?, ¿cuando el libro es lo único que queda?, ¿y cuando adivinas que ese libro no será tuyo?".

---

[11] Pays de réserve (País de reserva), en *Made in Algeria. Généalogie d'un territoire* (*Made in Algeria. Genealogía de un territorio*), Marsella, MUCEM, 2016, pp. 11-12.

Las madres de Fatima Sissani y Zahia Rahmani se mantuvieron alejadas de la escritura, pero siempre continuaron hablando un lenguaje poético a sus hijas. Posteriormente, éstas también supieron apropiarse de libros que evocaban destinos muy diferentes al suyo, pero donde encontraban ecos de su propia historia. Para Zahia Rahmani, libros sobre los indios americanos que compartía con su hermano; y estas lecturas inspiraron todo un espacio imaginario concretado en un desván que daba lugar a los niños, en sentido literal:

> En las paredes de esta habitación en el desván están inscritos en tinta negra los pocos dibujos que hizo mi hermano durante lo que llamábamos él y yo nuestras lecturas americanas. Vemos jinetes yanquis codeándose con vaqueros y saliendo al galope de un cañón, con los sables desenvainados, como si fueran hacia una batalla que se nos viene encima. Los enfrentan unos indios momentáneamente detenidos alrededor de un fuego, proyectando sus sombras sobre las lonas de sus tipis. Este muro desprende un ambiente tranquilo y sereno que me hace pensar que mi hermano se identificaba con ellos. [...] Mi padre nunca vino a este lugar. Sin embargo, nos reprochaba que nos quedáramos allí demasiado tiempo para escapar de él. Para él era sólo una nada, cuyos efectos en acción ignoraba.[12]

Por consejo de un profesor de inglés, su hermano va a comprar sus primeros autores norteamericanos. Después vendrán para ella Tennessee Williams, Hemingway, Fitzgerald,

---

[12]   *France. Récit...*, *op. cit.*, p. 60.

Steinbeck, Melville, Faulkner, que le prestarán sus voces contando las historias de otros pueblos que también fueron arrancados de su lugar. "Busco al desplazado y sus esperanzas", escribe. Y también:

> La literatura norteamericana me enseña, y no sin sobresaltos, a un pueblo. [...] Sobre este pueblo y la violencia que lo trajo al mundo, me gustaría aprenderlo todo. Si no hubiera conocido su trágico destino, el de sus hijos negros y el de todas sus mujeres y hombres arrancados de su lugar, luchando contra sí mismos, habría hecho de mi vida un único y constante desconsuelo.

Una relación con el mundo dotada de musicalidad

Si los cabilas sobresalieron —y sobresalen, en el caso de algunos, de algunas— en jugar con un lenguaje metafórico, narrativo, éste no era, claro está, propio. En múltiples formas, se hablaba ampliamente a diario desde Ruanda hasta el Líbano, desde Afganistán hasta la India, desde Argentina hasta Colombia. Los adultos escarbaban en los desvanes de historias que habían podido construir para presentar el mundo a los niños de forma poética. Para interponer entre este mundo y ellos todo un entramado de palabras, leyendas, relatos, que lo hacían habitable. Para que pudieran vincular su experiencia singular con las representaciones culturales, transformar los acontecimientos de su vida en algo con significado y belleza que pudieran compartir. Y a veces lo hacían desde múltiples aportaciones. Pensemos en García Márquez evocando a una venezolana, "una matrona rozagante que tenía el don bíblico de la narración" y que lo había iniciado en las obras maestras de la literatura universal, reducidas por ella a cuentos infantiles: la *Odisea, Orlando furioso, Don Quijote, El conde de Montecristo* y muchos episodios de la Biblia.[13] En cuanto a sus padres, ambos excelentes narradores, le contaban la historia de sus propios amores frustrados, llena de danza y música; se habían conocido cantando canciones de amor durante un velorio.

Porque lo que me sorprendió al reunir memorias de transmisión cultural evocadas por escritores, pero también por mujeres y hombres que conocí en distintos países de Europa o América Latina, es hasta qué punto se mencionaba con frecuencia la dimensión cantada de la lengua. "Cuando hablaba, era como un canto", dijeron Fatima Sissani y sus hermanas. Zahia Rahmani escribe sobre su madre que "hacer del mundo un canto" era su secreto, el de las mujeres.[14] Dice Federico Martín, que nació en Extremadura "en un paraíso donde todo cantaba, los ríos, los pájaros, las mujeres. [...] Crecí a la sombra de mi abuela, a la sombra de mujeres que cantaban, eran analfabetas pero cantaban. Nací en la amargura de un hermano muerto y esa amargura sólo se suaviza por los cantos de las mujeres"[15]. Un último ejemplo, en México, el de este maestro de escuela, José Gilberto Corres García, que recordaba con lirismo al niño que fue:

Mi casa era mi vida, los pájaros, los árboles, cada rayo de sol de la mañana. Mi casa era mi mundo entero, era mi soledad, era mi libertad [...]. A veces me acuerdo de aquellos buenos años de mi papá. De aquellos tiempos en que [...]

[13]   Gabriel García Márquez, *Vivir para contarla,* Barcelona, Mondadori, 2002, p. 57.
[14]   *Moze,* París, Sabine Wespieser, Pocket, 2016, p. 166.
[15]   Conferencia durante las *Palavras andarilhas*, Beja (Portugal), 26/9/2008.

se encargaba de regar las plantas y despertar a toda la casa con sus chiflidos alegres de antiguas canciones: "Allá en el Rancho Grande", "Atotonilco", "Las chapanecas", canciones que se pegaban a otras hojas para volverse polvo, para hacerse plantas de pasatiempo cancioneros. Yo quiero creer que aquellas tonadas viajaron en las hojas hasta volverse tierra [...]. Pienso que aquella agua también debió aprenderlo todo; el silbido y las viejas tonadas, y pienso que se apresuró a enseñárselas al rosal blanco, para que así tuviera que enseñarle a los pájaros jóvenes que furtivos venían a cantar con mi papá.[16]

Lo que une al pequeño José Gilberto con el mundo, lo que congrega lo que le rodea, son en este caso algunas viejas canciones.

Sobre el origen del lenguaje humano, Jean-Christophe Bailly dice que "todo lo que se puede saber sobre él, y que es muy poco, siempre indica la precedencia del canto o lo cantado".[17] Algunos investigadores han sugerido, de hecho, que nuestros antepasados lejanos habrían cantado antes de hablar, o que el protolenguaje y la protomúsica se habrían fusionado originalmente en un solo medio.[18] Ya Proust se había complacido en pensar que la música era "como una posibilidad de comunicación que no tenía consecuencias" porque "la humanidad ha tomado otros caminos, los del

---

[16] José Gilberto Corres García, *El pozo de las letras*. (Gracias a Rigoberto González Nicolás que me envió esta autobiografía.)

[17] *Passer, définir, connecter, infinir* (*Transmitir, definir, conectar, hacer infinito*), París, Argol, 2014, p. 105.

[18] Véase Francis Wolff, *Pourquoi la Musique* (*Por qué la música*), París, Fayard, 2015, p. 25. Wolff se refiere al artículo de Steven Brown en Nils Wallin, Björn Merker & Steven Brown, *The Origins of Music*, MIT Press, 2000.

lenguaje hablado y el escrito".[19] Y antes que él, Rousseau había observado: "Decir y cantar fueron alguna vez la misma cosa", retomando con ello una fórmula antigua.[20]

La cuestión de los orígenes apela fácilmente a los mitos, pero algo, por otro lado, proviene de la observación: en todas las culturas, primero se aprende la música de la lengua, su prosodia, que no se enseña, sino que se transmite. En el devenir del pequeño humano, la palabra vale ante todo por sus modulaciones, su ritmo, su canto, y esto desde la gestación: antes de ser sensible a las sílabas, el niño por nacer lo es a la melodía de la voz. Y si la dimensión cantada de la lengua se evoca a menudo en las memorias de transmisión cultural, es por supuesto por la gran sensibilidad de los niños pequeños a las inflexiones de la voz.

Puede ser también porque lo que se experimenta en esos momentos es un sentimiento de armonía, precisamente en el sentido musical del término. Armonía con el mundo interior, con uno mismo, pero también con lo que nos rodea. Como si toda la relación con el mundo estuviera dotada de una musicalidad cuando el lenguaje es "como un canto".

Los psicoanalistas pensarían aquí en lo que se ha llamado, desde Daniel Stern, sintonía afectiva, que tiene lugar cuando la persona que da el cuidado materno "se armoniza"

[19]   "[...] así como ciertos seres son los últimos testigos de una forma de vida que la naturaleza ha abandonado, me preguntaba si la música no sería el único ejemplo de lo que pudo haber sido, si no hubiera sido por la invención del lenguaje, la formación de las palabras, el análisis de las ideas —la comunicación de las almas. Es como una posibilidad que no tuvo consecuencias; la humanidad ha tomado otros caminos, el del lenguaje hablado y escrito" (*La Prisonnière*).
[20]   Monique Philonenko, "Musique et langage" (Música y lenguaje), *Revue de métaphysique et de morale*, 2007/2. https://www.cairn.info/revue-de-metaphysique-et-de-morale-2007-2-page-205.htm

con el bebé, rítmicamente, cuando los gestos o vocalizaciones se responden entre sí. Estas interacciones lúdicas a menudo se han comparado con la afinación entre músicos, con una improvisación musical para dos, o incluso con un baile, un ballet. Pero cuando me refiero a un sentimiento de armonía con lo que rodea al niño, eso excede la armonía con la madre o el padre, las relaciones con la familia, las relaciones cercanas, e incluso la sociedad. En estas evocaciones de escenas de feliz transmisión cultural, a menudo se hace mención del mundo natural, de la montaña donde se va a buscar nieve, de las estrellas, del océano, del río, más aún de los animales, y no sólo por quienes crecieron lejos de las ciudades. No estamos lejos del Jardín del Edén, o al menos de un universo algo animista donde todo canta, como un sentimiento de estar en el lugar propio, de encontrar un lugar, lo que se habría experimentado. Armonía momentánea, pero que se registra en el cuerpo y en el espíritu y deja huellas.

"Me robaron mi lengua"

Todorov evocaba aquellos tiempos en que, durante el encuentro de los amerindios con los españoles, la victoria de estos últimos había asestado "un duro golpe a nuestra capacidad de sentirnos en armonía con el mundo, de pertenecer a un orden preestablecido; tiene el efecto de reprimir profundamente la comunicación del hombre con el mundo, de producir la ilusión de que toda comunicación es comunicación interhumana".[21] Cuando leí estas frases recordé

---

[21] *La Conquête de l'Amérique* (*La conquista de América*), *op. cit.*, p. 126.

que muchos europeos o norteamericanos de mi generación se habían ido a "hacer camino" a países del este o del sur cuando eran jóvenes. Tal vez buscábamos esa armonía con el mundo, una dimensión que nos conectara con lo que nos rodeaba, un sentimiento de pertenencia al mundo que Occidente no nos daba.

Pero a eso que buscábamos desde los Balcanes hasta Bengala y desde el Magreb hasta los Andes, a eso los que venían a nuestros países tenían que renunciar. Porque en muchos lugares se ha desarticulado la tradición oral, desorganizado los hitos simbólicos. "Del mundo hemos deshecho el canto", como escribe Zahia Rahmani. Y hay que recordar que ese "canto" a menudo fue literalmente arrancado de la boca de quienes lo interpretaban. Como en el siguiente ejemplo.

En Canadá, desde finales del siglo XIX hasta 1996, más de 150,000 niños amerindios, inuit y mestizos fueron arrancados de sus familias para ser recluidos en internados, en su mayoría religiosos, donde debían adquirir hábitos de los blancos. Bajo el pretexto de la educación, esta política tenía el objetivo explícito de erradicar su cultura. En estas instituciones, la tasa de mortalidad era cinco veces mayor que en el resto de la población, siendo común el abuso sexual. Un artículo publicado en *The Globe and Mail* ilustra esta página tan oscura de la historia:

Imaginen estar en casa con sus dos hijos, un niño de seis años y una niña de ocho años. Alguien llama a la puerta. Van a abrir. Un representante del gobierno y un oficial de la policía montada aparecen en la puerta. Los dos hombres te ordenan que les entregues a tus hijos inmediatamente. Éstos van a ser retirados y colocados en la parte trasera de un camión donde puedes ver a otros niños llorando. Te ves obligada a separarte de tus hijos: el Estado ha considerado que no eres apta para criarlos, por tu raza. Todo lo que te importaba te fue arrebatado.

Ahora imagina que eres uno de los niños. Te llevan a cientos de millas de tu casa a una nueva escuela dirigida por extraños. Cuando llegas, te cortan el pelo y te quitan la ropa que te hizo tu madre, luego la queman.

Eres castigado cada vez que hablas en tu lengua materna o lloras por tus padres. Estás perdido, confundido. Te separaron de tu hermano, porque él es un niño y tú una niña. Estás desnutrida, tienes frío. Afuera no hay un patio de recreo, sólo un cementerio para los niños que han muerto en este siniestro lugar.

Y luego, uno de los profesores abusa sexualmente de ti. Las autoridades se hacen de la vista gorda. Finalmente, cuando llegas a la adolescencia tienes derecho de irte. Pero ¿para ir adónde? Tu casa ha sido destruida. No sabes en quién confiar, ni siquiera quién eres.[22]

Rose Dorothy Charlie, quien pasó por estos establecimientos, dice: "Me robaron la lengua. Me la sacaron de la boca. Nunca volví a hablar con ella. Mi madre me preguntaba: '¿Por qué, por qué? Puedes escucharme'. Decía: 'Yo podría enseñarte eso'. Me negué. Y cuando me preguntó por qué, le dije: 'Estoy cansada de que me abofeteen la boca'".[23]

[22] Publicado en *The Globe and Mail* y traducido en el *Courrier International* del 6/3/2015. http://www.courrierinternational.com/article/canada-amerindiens-un-genocide-culturel

[23] *Pensionnats autochtones: un génocide culturel, dit la Commission de vérité et réconciliation* (Internados indígenas: un genocidio cultural, dice la Comisión de la Verdad y la Reconciliación), *Radio Canadá*, 6/2/2015.

Esta terrible historia se encuentra también en otra parte. En Australia, donde miles de niños fueron también separados de sus familias para borrar todo rastro de las culturas y lenguas aborígenes, y allí también las familias blancas y las instituciones religiosas se encargaron de "civilizarlos", de asimilarlos. En las colonias belgas, miles de niños nacidos de padre blanco y madre congoleña, ruandesa o burundesa fueron separados de sus madres y enviados a internados religiosos y luego a Bélgica. En Francia, pensemos en los niños reunioneses deportados para repoblar los departamentos rurales de Francia continental en los años sesenta y setenta.

Al menos en Canadá, los dos últimos primeros ministros han pedido perdón solemnemente y todos los partidos políticos han aceptado la disculpa del gobierno en nombre del pueblo canadiense. Al menos una Comisión de la Verdad y la Reconciliación ha recogido los testimonios de miles de exalumnos y ha elaborado un informe acusando al país de "genocidio cultural".

Incluso cuando el deseo de separar a los niños de la cultura de sus padres ha tomado formas menos extremas o menos visibles, no es menos una guerra cultural la que se ha librado en muchos lugares. El escritor keniata Ngũgĩ wa Thiong'o recuerda:

[...] haber sido humillado, golpeado y castigado, junto con mis compañeros de clase, por haber sido sorprendido hablando una lengua africana en el recinto escolar. Ser castigado por hablar en el idioma de su madre. Es terriblemente

http://ici.radio-canada.ca/nouvelle/723529/pensionnats-autochtones-genocide-culturel-selon-commission-verite-reconciliation

violento. El colonizador había decidido que, para poder aprender la lengua del Imperio, era necesario renunciar a su idioma. Entonces castigaban, humillaban a los niños, de modo que asociaban su lengua materna con algo negativo, animal, lo que sea, y el inglés con la gloria.[24]

En Francia, durante mucho tiempo se exigió a los exiliados que abandonaran en el guardarropa el idioma y la cultura en los que habían crecido, que se limpiaran de su procedencia para abrazar una "identidad francesa" que se suponía que era la única capaz de "cementar" una sociedad, como decían algunos, como si los humanos fueran piedras.

A pesar de estos mandatos, como vimos anteriormente, la madre de Zahia Rahmani o la de Fatima Sissani transformaron el país que habían perdido en una "tierra fértil y luminosa". No es tan común. En la década de 1990, cuando entrevisté a jóvenes cuyos padres habían venido de otros países, siempre les preguntaba si se acordaban de alguna leyenda, historia o recuerdo que les hubieran contado sus padres. Era poco frecuente, y vago. Farhad Khosrokhavar observó en los mismos años "un déficit de memoria de la juventud venida de la migración, acentuado por el universalismo francés".[25] Lo que también señaló Fatima Sissani, quien me escribió:[26]

Me di cuenta hace un tiempo de que los hijos de inmigrantes, sobre todo los de mi generación [ella nació en 1970], cargábamos con una imaginación mutilada: prácticamente

---

[24] *Le Monde*, 29/4/2022.
[25] "L'identité voilée" (La identidad velada), *Confluence méditerranéenne*, 16, 1995.
[26] Correo electrónico del 24/9/2015.

no tenemos fotos de nuestros antepasados, pocas imágenes de la mayoría de las regiones donde nacieron nuestros padres, poco acceso a las historias que cuentan acerca de su fundación... Y si a esto le sumamos que fue muy difícil, para la mayoría de nosotros, vincularnos con tíos, tías, abuelos, también cargamos con una mutilación emocional. En la inmigración, y al contrario de lo que dice la gente, la familia extensa ya no existe [...]. Y creo que haber crecido con un padre y una madre para quienes las palabras eran tan importantes, eso también me ha ayudado a crear una identidad que es única en mí y en la que evoluciono de manera plena. No todos tuvieron tanta suerte.

También evoca "el tiempo del lenguaje", "el tiempo de elegir las palabras, de instalar un ritmo, una atmósfera, de encontrar una estética... Aparte de ese imperativo de eficiencia que la sociedad capitalista nos quiere imponer en todo, incluso en nuestras conversaciones. La lengua cabila parece transportar un tiempo infinitamente extensible...".

En el exilio, muchas personas olvidan las historias que les han sido transmitidas, o les parecen parte de un pasado que ya no tiene razón de ser. O los niños se apartan de lo que los padres tratan de decirles y que casi los hace sentir avergonzados, porque no es digno de reconocimiento alguno. Compartir la epopeya familiar no es más fácil, puede incluir páginas negras, que se han vivido como traumáticas. Es así como en muchas familias, las madres dejaron de transmitir un lenguaje portador de mitología y poesía, y los padres callaron, en particular sobre los pesados capítulos de la historia que habían vivido. Así, el padre de Zahia Rahmani acabó suicidándose y es su hija quien escribirá la historia de este hombre que no hablaba. "Sin lenguaje, también estaba sin territorio",[27] comenta ella. Porque el silencio devora tramos enteros de tiempos pasados, y también países, espacios que te arrancan bajo los pies. Entonces, "¿cómo resucitar un país del silencio?", pregunta Alice Zeniter en *El arte de perder*.[28]

Los padres inmigrantes necesitan tener mucho valor para transmitir, observa Marie-Rose Moro.[29] Una mujer le dijo: "Es agotador transmitir solo". Haría falta compartir gestos colectivos, pero Francia desconfía de las comunidades. Para transmitir sin rigidizar la cultura de los ancestros en "tradiciones" congeladas se necesita también libertad psíquica, y no encierro.

Hoy medimos hasta qué punto ha sido perjudicial la falta de transmisión en muchas familias exiliadas o desplazadas, así como el desconocimiento de la historia y el silencio en cuanto a sus páginas dolorosas. Muchos jóvenes en Europa se sienten "fuera de sintonía", desarraigados, alienados del mundo y de los lugares donde viven, como lo están, en América, desde Canadá hasta la Patagonia, muchos de los que provienen de comunidades indígenas. Y si su sentimiento de disonancia proviene, desde luego, en primer lugar de la exclusión social que sienten, de la xenofobia, también se debe, para algunos de ellos, a la ausencia de una relación un tanto "cantante" con el mundo, de una transmisión que hubiera hecho que el mundo fuera un poco más deseable, más habitable. El mundo no tiene sentido, no es para ellos.

---

[27] *Moze, op. cit.*, p. 23.
[28] París, Flammarion, 2017, p. 13.
[29] "Berceau linguistique, berceau culturel" (Cuna lingüística, cuna cultural), *Les Rencontres d'ACCES*, 1/2/2018, p. 14. https://www.acces-lirabebe. fr/wp-content/uploads/2019/01/Rencontre_ACCES_MarieRose_Mo ro-1ER-FEVRIER-2018.pdf

Carecen de estos ritmos, de estas bellas historias, de estas metáforas, que los vincularían a la montaña, al río, a la costa o a la ciudad, a los animales. A las generaciones pasadas y a los humanos que viven en otros países. Les falta todo ese tejido de relatos poéticos, de fantasías, que podrían interponer entre la realidad y ellos mismos. No pueden soñar, imaginar la tierra que dejaron sus padres. Y el campo, la ciudad alrededor de donde ahora viven, no les dice nada, no les devuelve nada.

Sin embargo, no hemos salido del gran desprecio en que se han tenido las culturas de los otros, particularmente las de los excolonizados o de los exiliados. No hemos salido de una gran arrogancia. Hasta hace poco, en muchos lugares, las lenguas y culturas originarias han sufrido un rechazo perentorio. En Francia, aun hoy, este tema desata pasiones y suscita, en este país que quiere ser universalista, cantidad de enfoques ideológicos, posturas dogmáticas, discursos de lamentación. O al menos una gran susceptibilidad. Se agita en todo momento el espantapájaros comunitarista, siendo que, por el contrario, cuando un niño se ha apropiado de fragmentos de la cultura de sus padres y cuando esta cultura es reconocida, tiene menos miedo de traicionarlos. Puede apropiarse más fácilmente de otra cultura y disfrutar de la pluralidad. Por el contrario, el desprecio por las culturas de origen puede conducir a la reversión del estigma y la reivindicación de una identidad monolítica. "Tan pronto como reivindicamos una identidad, hemos perdido nuestra cultura",[30] observa Olivier Roy. Señala, al igual que Farhad

---

[30] *En quête de l'Orient perdu* (*En busca del Oriente perdido*), París, Seuil, 2014, p. 254.

Khosrokhavar, que los jóvenes más vulnerables a las seducciones del extremismo religioso son frecuentemente desculturizados, les habría faltado transmisión. Por eso correrían hacia códigos, consignas, prótesis de identidad. "La religión proporciona un código cuando la cultura está en crisis: permite encontrar una identidad cuando ya no hay referencias culturales."[31]

"Si no tienes el idioma, todo lo que queda es una religión fosilizada, internacionalizada, algo seca y manipulada",[32] dice Marie-Rose Moro al observar las patologías vinculadas al retraimiento, a las transmisiones rotas, a la pérdida de los vínculos. Por el contrario, en familias donde se comparten historias, metáforas, gestos artísticos en torno a la vida, y donde se habla de la historia familiar, sería más fácil para los niños evitar esta desorientación, que se suma a la fragilidad económica y expone a las personas a la errancia y, en ocasiones, a la violencia.

Se puede volver a encontrar un lenguaje cercano al cantado

En este sentido, ya es hora de incitar al reencuentro con las culturas orales perdidas, de dar forma y lugares a todo un patrimonio que no sea sólo el de las culturas dominantes, de recoger palabras y escritos, de constituir archivos, de escribir esa historia cultural de las migraciones, y no sólo la historia política y económica. De multiplicar los lugares para compartir con los que llegan y no decirles que deben dejar todo

---

[31] *Esprit*, abril de 1996.
[32] "Berceau linguistique...", art. cit.

aquello atrás, como tenían que hacer los migrantes de antes. Y los comunicadores de libros, literatura, obras de arte pueden contribuir en gran medida a ello. Consideremos, por ejemplo, lo que hacen las ediciones de Didier Jeunesse para recopilar cuentos infantiles y canciones de cuna de todo el mundo, o asociaciones como Musique en Herbe.

Claro que esto requiere de todo un arte para hacer, escuchar, combinar lo oral y lo escrito, que muchos practican ya con delicadeza, y desde hace años. En ACCES,[33] por ejemplo, donde las facilitadoras de sesiones de lectura en voz alta con niños pequeños siempre han tenido el cuidado de no excluir a los padres, sino de involucrarlos. En la película *Los libros son buenos para todos los bebés*,[34] Danielle Demichel habla de una mujer que participó en una animación: "De pronto, toda su infancia volvió a la superficie. Y se puso a cantar porque redescubrió toda una parte de su infancia que había olvidado. Basta que haya una que quiera cantar y se da el contagio". En Argentina, mediadores culturales observaron el mismo reencuentro con una dimensión cantada del lenguaje, durante unos talleres en los que los cuentos o la poesía tenían un papel fundamental: "En los últimos encuentros muchas de las madres reían mientras cantaban para sus compañeras las canciones recordadas después de muchos años".[35]

---

[33]   Acciones culturales contra las exclusiones y segregaciones. Fundada en 1982 por Marie Bonnafé, René Diatkine y Tony Lainé, ACCES pone libros a disposición de niños pequeños y sus familias en áreas económicamente desfavorecidas. La asociación favorece las lecturas individuales dentro de un pequeño grupo.

[34]   *Les livres c'est bon pour tous les bébés* (*Los libros son buenos para todos los bebés*), dirigida por Marie Desmeuzes.

[35]   Silvia Schlemenson (dir.), *El placer de criar, la riqueza de pensar*, Buenos Aires, Novedades Educativas, 2005.

Pienso también en los talleres impartidos por Irene Vasco en Colombia. Irene cuenta que desde muy pequeña, su madre, que era cantante (no salimos de eso), pero también su abuela y su padre contaban historias, cantaban y leían. Irene se convirtió en escritora: "Siento que mi trabajo, aunque es muy feliz, muy aparentemente ligero, porque es contar cuentos para niños, es profundamente político [...] mi participación dentro de la construcción de una nación, es justamente contar cuentos".

Durante décadas recorrió el país, yendo a zonas donde había guerra, violencia, a zonas donde vivían comunidades indígenas o desplazados (Colombia tiene más de ocho millones de desplazados), o a zonas de mucha pobreza, cárceles, hospitales pediátricos. En todas partes ofreció talleres que despiertan el deseo de apropiarse de la escritura, esa escritura cuya conquista es tan importante, aunque sólo sea para comprender los contratos que las multinacionales a veces quieren que firmes para tomar tu tierra. Pero para Irene, los libros no son objetos sagrados. Sabe cerrarlos y escuchar. Como el día en que los bibliotecarios, perturbados por la llegada de familias desplazadas cerca de donde trabajaban, le pidieron que viniera a leer cuentos. Ella estaba acostumbrada a este tipo de intercambio, pero esa vez, apenas había leído una página, el público se desconectaba:

Los niños se distraían en sus juegos y peleas, las abuelas permanecían mudas, ausentes, sumergidas en pensamientos que yo no podía alcanzar. Por primera vez sentí que los libros que siempre llevo a la espalda no me servían para nada.

Cerré los libros, miré a las mujeres a los ojos y les hablé. Les conté que en mi infancia mi mamá me cantaba una

canción que no recordaba bien y que tal vez ellas conoce-
rían pues era de su región: la maravillosa "Señora Santana,
por qué llora el niño" me salvó el día ("Señora Santana, por
qué llora el niño/Por una manzana que se le ha perdido/
Yo te daré una, yo te daré dos/Una para el niño y otra para
vos".)

Yo repetí torpemente dos o tres palabras de una canción
que sé de memoria intentando despertar algo en ellas. Fue
como un milagro. Este villancico tradicional de las comunidades negras del Pacífico me abrió sus puertas, sus ojos, su
atención y pude, por fin, comunicarme.

Me enseñaron a cantar ésa y muchas otras de sus canciones. Poco a poco fueron contando historias de espantos, de
pesca, de ríos, de sus tierras. No hablaban de muerte, violencia ni dolor. Hablaban de recuerdos culturales y sociales.
Las narraciones tradicionales de los mayores, los cantos de las
madres, como arrullos sanadores, como refugios simbólicos, fueron los protagonistas del primer encuentro.[36]

Lo que se reencuentra es un vínculo con la infancia, lo que
se despierta es un recuerdo, primero en su presencia, en la
fuerza de su evocación; y entonces el relato que se hace de
él lo organiza, y se libera una energía. A menudo es necesario encontrar un pasado para que pueda haber un futuro.
Irene entendió que, antes de abrir un libro, estas mujeres
tenían que encontrar un sentido de pertenencia a sus paisajes, a sus culturas, a su memoria: "ritmos, juegos, canciones,

---

[36] "Cuando los libros crecen. Literatura y violencia", *Cuatrogatos*. https://
www.cuatrogatos.org/detail-articulos.php?id=811 (publicado originalmente en la revista *Barataria* del Grupo Editorial Norma).

narraciones, gestos transmitidos de generación en generación a lo largo de siglos, dejados atrás con el desplazamiento, debían recuperarse y volver a transmitirse".

La siguiente vez, sacó de su bolso papeles de colores, lápices, rotuladores, pinturas. Y les dijo que iban a hacer un libro: "Me miraron como si estuviera loca: 'Nosotras no sabemos leer ni escribir' […]. 'No importa, ustedes me cuentan, yo escribo y al final cada una se llevará un libro hecho por ustedes'". Durante horas, las mujeres le revelaron secretos, le enseñaron sus décimas. Todo mundo reía.

"Al final de cada verso escribía el nombre de la 'autora' y su lugar de procedencia. Una tras otra fueron dictando con orgullo, con la dignidad recuperada, con la autoridad de la persona mayor que tiene conocimientos y que sabe que debe transmitir las palabras impresas en su memoria."

Hizo unos libros artesanales con lana, los repartió y dijo que ahora debían ser ilustrados. "Por primera vez pude abrir mis bellos libros álbum y mostrar cómo se combinaban letras y dibujos. Leer en voz alta, eso no. Aún no era el tiempo. Con los materiales a su alcance, las abuelas pintaron, recortaron, pegaron, iluminaron, como los antiguos copistas, sus ejemplares. Yo las acompañaba leyendo y releyendo sus décimas. Cada una daba lo mejor que tenía."

Hicieron una exposición donde todos pudieron mostrar su libro. "Las mujeres hicieron primero su libro para poder entender los libros de los otros. Era necesario que sintieran que tenían algo que tenía un valor, una sabiduría, un dominio del mundo, que había que transmitir."

Acogiendo la voz de los migrantes

Hoy en día es urgente reflexionar sobre estas cuestiones, en particular con los refugiados y sus familias, para no repetir con ellos lo que en Francia hemos hecho mal con muchos exiliados y sus hijos, que han tenido que enfrentarse a la xenofobia y la relegación, pero también, para gran parte de ellos, a la desculturización. En los campamentos donde se concentran los refugiados, en muchos países, éstos son reducidos a seres biológicos que dependen de los demás para todo, y desde un principio para alimentarse. Sin embargo, poseen la riqueza de toda una historia, de toda una cultura, y de su creatividad, de su punto de vista crítico, de su mirada. No son reducibles a una identidad de la desgracia, a víctimas. Los que ahora llegan a Europa provienen también de países donde una hermosa tradición oral y poética se encargaba de hablar tanto al corazón como a la mente y equipar a los niños para que pudieran enfrentar la adversidad y transfigurar sus miedos o sus penas. Los incluía en la sucesión de generaciones, abriéndose a la vez a otros espacios, mitológicos o fabulosos, que nos son tan necesarios. Esta tradición, ya socavada por la distribución global de productos estandarizados, también se ha visto socavada por las guerras. Una mujer que vivió en Afganistán durante mucho tiempo me dijo que había sido testigo del fin de una civilización, recordando la época en que, todos los días, personas de todas las edades y todos los oficios escuchaban largos programas de radio dedicados a la poesía. También pienso en un joven refugiado iraquí en un campamento jordano que dijo: "La guerra manda a la gente de vuelta a la Edad Media. Destruye lo que somos. A los iraquíes les encantan los deportes, la literatura, la poesía, la ciencia y los jardines, todas las cosas buenas. A los iraquíes no les gustan todos estos asesinatos".[37] Por eso hoy en día es imprescindible inventar dispositivos para que todas estas culturas, todas estas herencias, todos estos "jardines", vivan. Multiplicar los lugares donde intercambiar con los que llegan, y no decirles que deben dejar todo esto en el guardarropa.

Hay algo esencial ahí, toda una actitud que necesita ser (re)pensada con quienes residen en estos campamentos, así como con quienes han podido salir de ellos o no han vivido allí. Evidentemente, no se trata de ponerles briznas de alimento cultural en el pico en actitud condescendiente, ni de administrarles libros-remedios, libros-pociones. O incluso prescribirles textos edificantes para hacerles tragar la supuesta "identidad" de los lugares de llegada. Más allá de eso, tampoco basta con ofrecer libros de calidad a los niños y acompañarlos en esas lecturas. También debemos apoyar la transmisión cultural entre generaciones.

Florence Prudhomme, que escuchó a los refugiados contar sus historias en Calais, sugiere:

En todos los países de África, o en cualquier parte del mundo, existen prácticas artísticas. Darles nueva vida permite a quienes las ejercen volver a vivir también, recuperar su dignidad y el orgullo. […]

Los refugiados sirios, kurdos, sudaneses o afganos tendrían mucho que enseñarnos al respecto, que se trate de poesía, de historias, epopeyas, arquitectura, pintura, de creaciones en las que tienen gran riqueza y que podrían hacer

---

[37] Deborah Ellis, *Children of War: Voices of Iraqi Refugees,* Groundwood Books Ltd, 2009.

descubrir tanto a los niños como a los maestros en las escuelas...[38]

En las escuelas, bibliotecas y otros lugares se deberían crear foros donde se escuchen las palabras de estas personas, donde puedan dar vida a sus cuentos, sus epopeyas, sus canciones. No encerrarlos, no asignarlos a no sé qué identidad comunitaria, sino por el contrario escuchar historias plurales, descubrir artes singulares, compartirlas y dar a cada quien el deseo de apropiarse también de otras culturas, otras historias. Porque, evidentemente, no se trata de encerrar a nadie en la casilla de salida, o de enaltecer una mitología de los orígenes, sino de aprender del otro, de escucharlo para que vuelva a encontrar un país, como la madre del narrador libanés Jihad Darwiche: "Ella era la forastera en el pueblo. Encontró un país en la narración o en la poesía".[39] También se trata de salir de una posición de víctima gracias a la narración, como dice Alice Zeniter: "A través de la forma del relato, también podemos traer belleza y sacar a estos personajes de una dimensión puramente victimaria que no permite tener en cuenta su valentía, su alegría, la totalidad que los hace nuestros hermanos en la humanidad".[40] Hablar sobre el valor que se necesita para irse y reinventar su vida en un nuevo país.

---

[38] "Rwanda, l'art de se reconstruire" (Ruanda, el arte de reconstruirse), alocución durante la velada organizada por la asociación SOS femmes Abobo, París, 4/9/2016. https://blogs.mediapart.fr/florence-prudhomme/blog/100416/rwanda-lart-de-se-reconstructire

[39] "Jihad Darwiche, naissance d'un conteur" (Jihad Darwiche, nacimiento de un narrador), Oufipo, 3/11/2015. http://www.oufipo.org/Jihad-Darwiche-naissance-d-un.html

[40] "Alice Zeniter ou l'art de briser le silence" (Alice Zeniter o el arte de romper el silencio), Le Point, 16/11/2017. https://www.lepoint.fr/culture/alice-zeniter-ou-l-art-de-briser-le-silence-16-11-2017-2172839_3.php

Se trata también, al compartir estas historias o gestos artísticos en torno a la vida anterior, de alejarse un poco de ella y abrir un futuro para los niños. Recuerdo a un joven, Ridha, que me dijo: "Es difícil pensar en el futuro cuando no tienes nada detrás. [...] Hay un patrimonio que no se ha transmitido o que no hemos integrado, porque tal vez nos dijeron que era incompatible con el patrimonio de aquí, pero yo creo que nada es incompatible. Todo lo que aprendemos es compatible, todo lo que hemos vivido, nos ha formado". Y agregó: "Yo acepto mi origen y no tengo por qué no aceptarlo, porque es lo que es, yo vengo de ahí y ya está. Podría haber venido de otro lugar". Como un eco de sus palabras me vienen a la mente las de una joven, Hava, que dijo durante una entrevista: "Y luego, a final de cuentas, ¿qué es? Es una tierra. Venimos, vamos a irnos, estamos de paso, eso es todo". Lo mismo dice Achille Mbembe: "Todos somos pasajeros". Y añade: "La característica de la humanidad es el hecho de que estamos llamados a vivir expuestos unos a otros, y no encerrados en culturas e identidades".[41]

Una última historia de transmisión cultural. En la primavera de 2017, en París, Karishma Chugani me habló de su familia, originaria de la región de Sind, que pasó a formar parte de Pakistán en 1947 durante la partición. Sus abuelos habían buscado entonces establecerse en otro lugar, su familia materna en Ghana y su familia paterna en Marruecos, donde nació Karishma, "en una casa donde

[41] Discurso publicado en *Le Monde* el 24/1/2017. https://www.lemonde.fr/idees/article/2017/01/24/nuit-des-idees-achille-mbembe-l-identi te-n-est-pas-essentielle_5068460_3232.html

hablábamos principalmente en inglés, con palabras aquí y allá en francés, y películas de Bollywood en hindi en la televisión". Luego ella había vivido en España. "El dialecto sindhi se hablaba entre adultos, especialmente cuando querían ocultarnos secretos, así que mi hermano y yo aprendimos inmediatamente este idioma fingiendo que no lo entendíamos. Recibí una educación en la escuela americana, pero mi educación era culturalmente rica entre historias de mitología india, marroquí y occidental".

Me contó mucho sobre su abuela materna que, desde que enviudó, viajó de Marruecos a Ghana, de India a Estados Unidos, para visitar a sus hijos y nietos, con objetos extraordinarios en su maleta, incluidos libros:

Tenía la habilidad de encontrar un lugar dondequiera que fuera. Se sentía bien en todas partes, era su propia casa. No necesitaba mucho, todo lo que le importaba lo tenía encima: sus mantras, su rosario, sus fotos. Venía cada dos o tres años y se quedaba unos meses. Nos transmitió historias, recetas, rituales, una espiritualidad, explicó la simbología de cada lugar. A veces me hablaba del exilio, de Ghana; mi abuelo tenía cines en Ghana. De un río en Sind que es naranja, no sé nada más, eso me ayudó a imaginarlo.

Cuando transmitía mantras, se balanceaba, era muy musical. En Rajastán, los narradores van de pueblo en pueblo con cajas de cuentos. Cuentan historias cantando.

Grabé lo que decía, la dibujé, escribí, comencé a filmarla, a fotografiarla (hay algo mágico que sucede cuando redibujo una foto, me la apropio). Escribí a todos los primos para que me contaran sus recuerdos. Todo esto se convirtió en un libro, *Las visitas de Nani*, publicado por Ekaré.

Lo hice para compartir con mi familia. Como un regalo para mí misma para entender por qué era importante contar historias. La eterna presencia de las historias, el bálsamo que suaviza el dolor del exilio… Yo también viví un exilio, mi marido también, como mi hijo por venir. Esta presencia de historias me tranquiliza mucho. Mi abuela lo entendió rápidamente. Lo habían dejado todo, pero, a través de sus historias, nos dejaron la posibilidad de volver a visitar todo lo que habían perdido.

También autoedité un pequeño libro en homenaje a mi abuelo, que relata su experiencia en el exilio. Un mes antes de morir, me habló de la muerte de su padre asesinado, que había estado en prisión. No había podido hablar de eso. Le tomó cuarenta años hacerlo. Eran sólo pequeños fragmentos, pero fue suficiente para construir todo un universo. Agregué mi propia investigación en internet.

A los noventa, mi abuela aprendió a usar Skype. Nos llamaba por teléfono, se acordaba de todas las fechas importantes para cada quien. Forjaba lazos con los de su familia, decenas de personas en quince países, que nos unieron a todos. Somos muy unidos, todos nos casamos fuera de la comunidad, en cada boda estábamos todos presentes.

Karishma creó un proyecto educativo itinerante y efímero, la Escuela de Papel, talleres inspirados en objetos narrativos antiguos, marionetas de sombras, teatros de papel, cajas de cuentos…

Habla inglés, sindhi, español, francés, árabe e hindi.

¿Qué idiomas hablamos?

Más allá de los que han vivido el exilio, ¿qué lenguas hablamos? En muchas familias, la lucha contra la precariedad, o el trabajo, acapara el tiempo cotidiano. Llega un momento en que el lenguaje ya no se usa más que para la designación inmediata y utilitaria de seres y cosas, o para dar órdenes y pedir. Y a los niños les falta una etapa para integrar los distintos registros de la lengua: aquella en que, muy tempranamente, se nos introduce en un uso de las palabras tan vital como "inútil", libre, lo más cercano posible al cuerpo, a las emociones, al placer compartido, lejos del control y la anotación.

También les faltan esas palabras, esas metáforas, esas historias un tanto fabulosas, que lo conectan a uno con la montaña y la nieve que vamos a buscar en ellas, con las estrellas, con la ribera o con la ciudad, y con los demás habitantes de la tierra, perdices, halcones, antílopes o elefantes. Les falta todo este entramado de palabras, refranes, cuentos, fantasías. Ningún mundo invisible completa el mundo real en el que se encuentran, y este último no significa nada para ellos, o sólo significa humillación social y rechazo cuando se trata de vecindarios marginados, muchas veces mal designados, a veces incluso por números en lugar de nombres.

Porque no habitamos las cifras, como tampoco las palabras estigmatizantes de los medios de comunicación o de los políticos, que hablan de las personas como tantos "problemas sociales". No habitamos el lenguaje de los noticiarios con su cuota de horrores y sus frases concertadas para ir de un desastre a otro. Vivimos en medio de objetos que proyectan un poco de belleza en la vida cotidiana y en medio de historias, anécdotas, lugares de ensueño; como el joven Yannis con el colorido universo oriental que le había contado su padre, como Fatima Sissani a quien su madre cantaba el mundo, un mundo que ella había perdido, pero que mantenía vivo en su canto. Habitamos un lenguaje cercano al cuerpo, a las sensaciones, atento a los detalles de la realidad que evoca, y que abre paso a un más allá, más allá de lo inmediato, un pasado o un futuro imaginado, una parte del sueño. Porque la realidad necesita de la fantasía para ser deseable. Porque esta parte imaginaria e invisible es vital.

Con regularidad, aparecen estudios que estiman que el número de palabras conocidas por los niños cuando alcanzan los tres o cuatro años varía mucho según el origen social.[42] Pero la cuestión, a esta edad, no es tanto la de la extensión del vocabulario como la del lugar desigual dado a las formas narrativas y a este lenguaje que comprende una parte ficticia, un juego poético. Lo que está en juego no es sólo el desarrollo escolar, lo que está en cuestión es una estética de la vida cotidiana y la posibilidad de relacionarnos con lo que nos rodea, de encontrar allí un lugar. Para que la montaña, la ribera o la costa digan algo, para que se nos abra un lugar en ellas, tienen que contar historias. Sin relatos, el mundo quedaría ahí, indiferenciado, sin que podamos realmente habitarlo y construir nuestro hogar interior. Lo que está en juego con esta pérdida de un lenguaje cercano al canto, metafórico, poético, es —insisto— una posibilidad de relacionarse con el mundo, incluyendo eso que llamamos naturaleza, de encontrar un lugar en él.

[42] Cf. Betty Hart y Todd R. Risley, *The Early Catastrophe. The 30 Million Word Gap by Age 3*, 2003 http://centerforeducation.rice.edu/slc/LS/30MillionWordGap.html

Esos paisajes de los que estamos hechos

> Si abriéramos a las gentes, encontra-
> ríamos playas.[1]
>
> AGNÈS VARDA

> Dentro de nosotros hay playas, mares,
> palmeras; hay montañas, pueblos, ca-
> sas; dentro de nosotros hay seres hu-
> manos, hay vida allá adentro. Búscala.[2]
>
> MANUEL VILAS

DURANTE MUCHO TIEMPO TRABAJÉ en un laboratorio del CNRS[3] dedicado al estudio del espacio. Mis colegas, en su mayoría geógrafos, realizaban investigaciones sobre las maneras de habitar, los paisajes, el medio ambiente, la relación con la naturaleza. Y yo sobre la lectura y la relación con los libros, a años luz de sus temáticas, al parecer. Me habían dejado embarcarme en este periplo, sólo tenía que mostrar, de vez en cuando, en qué tenía que ver mi trabajo con las cuestiones que los ocupaban. Al principio me asustaba el ejercicio, pero rápidamente me di cuenta de que era relativamente fácil porque las lectoras y lectores que escuchaba a menudo hablaban, espontáneamente, del espacio: de otra parte, de lo lejano, de la extensión, del hábitat, de los desplazamientos, de paisajes… En lo que decían, como en muchas memorias de lectura transcritas por escritores o

---

[1] Principio del filme *Les plages d'Agnès*, estrenado en 2008.
[2] Les Cent commandements, *Par ici la sortie* (*Salida por aquí*), París, Le Seuil, 2020.
[3] Centro Nacional de Investigación Científica.

científicos que leía simultáneamente, abundaban las metáforas espaciales y habrían de volver con los años.[4]

No era yo la única que notaba que la lectura, más aun tratándose de obras literarias, tenía mucho que ver con el espacio. Al otro lado del Atlántico, en Argentina, Graciela Montes señaló en el prólogo de su libro *La frontera indómita*[5] que seguía teniendo las mismas obsesiones "y que muchas —la mayoría— tienen que ver con el espacio, y con lo contrario: la falta de espacio, el acorralamiento...".

Quisiera, por tanto, volver sobre la forma en que la lectura, en particular la de obras literarias, toca los fundamentos espaciales del ser, intentando ir un poco más allá.

Componer un paisaje imaginario para buscarse en él

Comencemos con un ejemplo. En *El arte de la lectura* mencioné la historia de estos "niños con mirada de piedra", contada por Mira Rothenberg.[6] Quizá no había medido suficientemente la importancia de un aspecto al que me gustaría volver. Después de la Segunda Guerra Mundial, en Estados Unidos, esta jovencísima mujer tuvo que dar clases, y desde entonces enfrentarse a treinta y dos niños judíos de Europa Central que tenían entre once y trece años. Algunos habían sido abandonados por sus padres para darles la oportunidad de escapar de los nazis, otros habían nacido en un campo de concentración. Todos ellos habían construido fortalezas para

---

[4]   Cf. Michèle Petit, "Les pays lointains de la lecture" (Los países lejanos de la lectura), *Ethnologie française*, XXXIV, 2004, Ethnologues et géographes, pp. 609-615. http://www.cairn.info/resume.php?ID_ARTICLE=ETH N_044_0609

[5]   *La frontera indómita*, México, Fondo de Cultura Económica, 1999, p. 11.

[6]   Mira Rothenberg, *Des enfants au regard de pierre*, París, Seuil, 1979.

protegerse de los horrores que habían experimentado. Rothenberg había pasado por pruebas similares, entendía varios idiomas de Europa del Este, razón por la cual habían solicitado sus servicios. Cuando se encuentra con los niños, éstos buscan sobre todo con quién y sobre qué desahogar su ira. Nunca lloran, pero están deformados por el odio y sus rostros se han convertido en máscaras. Desollados vivos, violentos, aterrorizados, no confían en nadie y repiten, en un idioma u otro, que quieren volver a casa, volver a encontrar su tierra de origen, que se niegan a ser arrancados de ella y a aprender un idioma que no sea el suyo. Hasta el día en que Mira Rothenberg les habla de los nativos americanos, aprovechando una tregua de sus odiosos ataques:

Les conté cómo estos hombres a quienes pertenecía el país se habían convertido en refugiados en su propio país, del cual habían sido despojados. Encontré un libro de poemas de los indios, que hablaban de la tierra que amaban, los animales con los que vivían, su fuerza y su amor, su odio y su orgullo. Y de su libertad.

Los niños reaccionaron. Algo se había movido en ellos. Los indios debieron sentir por América lo que ellos mismos sintieron por su país de origen. […] El salón de clases fue despojado de sus muebles. Montamos tipis y pintamos un río en el suelo. Construimos canoas y animales de tamaño natural con papel maché. […] Los niños lentamente comenzaron a abandonar sus caparazones. Vivíamos en los tipis. Comíamos allí. No querían volver a casa.[7]

---

[7] *Ibid.*, p. 15.

El director le da carta blanca y la defiende de las autoridades que creen que todo esto no es serio, "no es enseñanza". Cada día seguiría hablando de los amerindios, para contar historias "donde también reinan la violencia, el miedo y el respeto por la naturaleza". Porque "los indios son seres en estrecha comunicación con la naturaleza, sus torrentes, sus peñascos y sus fieras". Los niños beben literalmente de sus palabras como si tuvieran sed de un más allá de su propia historia para encontrar allí la parte deseante de su ser.

Esta experiencia mostró que incluso a aquellos que habían sido traumatizados muy seriamente, una metáfora poética podía ofrecerles un eco de lo que habían vivido sin decir una palabra al respecto, y reanimar una actividad psíquica detenida en imágenes terribles, relanzar un pensamiento. Poco a poco restaurar la fuerza y el orgullo, el deseo de vivir, la vitalidad. A estos niños que habían vivido lo peor y perdido a quienes los cuidaban, así como los lugares donde habían crecido, se les había abierto una posibilidad de reconectarse un poco con el mundo y consigo mismos. Porque con el poema indio, lo que se ofrecía también era una tierra, ríos, animales, todo un universo natural donde el cuerpo y la psique podían desplegarse. La incorporación de estos lugares había tenido un efecto muy salvador. Y antes que nada, a los niños se les había ocurrido componer a su alrededor, en el aula, un paisaje, buscarse allí. Un paisaje donde primero habían sido bestias feroces, tigres, leones, lobos, luego animales más suaves, caballos, ciervos, búfalos. Finalmente, con el tiempo, un tiempo lento, habían podido convertirse en humanos, "indios de verdad". Un día, incluso, montaron una obra en la que hablaron "con infinita poesía de estos indios en los que se habían convertido", dice Rothenberg.

Este largo rodeo había tenido útiles repercusiones para el aprendizaje: les había permitido leer otros poemas, escribir algunos, estudiar la historia y la cultura de este pueblo y compararlas con las de los países donde se habían criado. Luego salir a visitar un parque para seguir antiguas pistas indígenas, pasar tiempo en cuevas y aprender geografía para ubicar sus lugares, matemáticas para estimar distancias. Así, poco a poco, habían podido adaptarse al país donde iban a vivir en adelante. Pero para eso, previamente, habían tenido que componer paisajes imaginarios para arrancarse de la más cruda realidad, y poder desarrollarse allí. Aprender, o volver a aprender, a soñar.

A menudo he pensado en Mira Rothenberg porque había sentido lo esencial: había tenido la intuición, la genialidad, de ofrecer estos poemas y estas historias; también había comprendido la importancia de la disposición espacial que los niños habían querido conformar y los había acompañado en la aventura. Un espacio primero imaginado, figurado, con sus tipis, su río, sus animales, que un día había podido extenderse al espacio real de la ciudad donde se habían aventurado, siguiendo siempre el hilo de los indios y sus viejas huellas.

Un refugio abierto a la distancia

En lo que a mí respecta, fue escuchando a los jóvenes de los barrios populares de Francia como comprendí que leer, o escuchar la lectura, especialmente de literatura, permitía crear otros espacios esenciales para la expansión de uno mismo, más aún para aquellos que no tienen, o ya no tienen, un territorio personal, íntimo. Si bien estos jóvenes no habían vivido dramas extremos como el de los niños refugiados judíos que acabo de mencionar, muchos de ellos sentían una sensación de exclusión por la xenofobia de la que se sentían objeto y las oportunidades que se les negaba. Además, tal vez, sufrían de estar encerrados, relegados a barrios estigmatizados. Era como si el exterior les estuviera negado. Y "sólo cuando tienes acceso a un exterior puedes sentirte como en casa", como escribe Jean-Christophe Bailly.[8]

Édouard Louis, que creció en una familia de clase trabajadora del norte de Francia, dice que la primera violencia es "la violencia del encierro, la violencia de la geografía" y que "las demás formas de violencia no hacen sino derivarse de ésta...". La primera violencia es "abolir lo exterior, condenar a existir dentro de los límites...".[9] Es sentirse obligado a permanecer en un lugar y a no moverse de él, sin control sobre lo que lo rodea a uno, más allá. Lo que los jóvenes que conocía habían encontrado en los libros, más aun tratándose de obras literarias, era un espacio que los protegía, pero sin aislarlos del mundo, al dar cabida a ese afuera del que tantas veces se sentían desposeídos.

Muchos comparaban los libros con un refugio, por ejemplo decían: "Los libros eran mi casa, mi hogar, siempre estaban ahí para recibirme". Así fue como cobré conciencia del papel que podía tener la lectura de textos literarios para los exiliados que habían perdido sus casas y los paisajes donde se habían criado. Las obras literarias pueden ser otras tantas casas prestadas, que muchos transmisores de libros

---

[8]   "Athènes par ses fenêtres" (Atenas a través de sus ventanas), en Ianna Andreadis, *Fenêtres sur Athènes* (*Ventanas sobre Atenas*), Atenas, AGRA, 2016, p. 10.

[9]   *Histoire de la violence* (*Historia de la violencia*), París, Seuil, 2016, p. 149.

intuyen cuando ofrecen poesías, mitos o cuentos a niños, niñas, adolescentes y adultos desplazados, o cuyo marco de vida ha sido destruido o alterado. Y ésta es una dimensión que llama la atención ya que "las guerras, los conflictos y las persecuciones han generado el mayor número jamás observado en la historia moderna de personas desarraigadas en busca de refugio y seguridad",[10] como escriben los autores de un informe de la Agencia de las Naciones Unidas para los Refugiados.

No sólo para los exiliados pueden los textos desempeñar este papel. Ciertos escritores cuyas memorias leía señalaban muchas veces cosas similares, tal como Jeannette Winterson, cuyos padres la habían echado a la calle cuando era una adolescente: "Para mí los libros son un hogar. Me siento con un libro y ya no tengo frío. Lo sé desde las heladas noches que pasé afuera".[11] O Jean-Marc Besse: "Los libros me permiten crear una especie de hogar dondequiera que me encuentre. Son como las fogatas que alejan a la noche en el bosque".[12] O Gérard Macé: "La literatura habrá sido mi habitación particular, mi refugio, mi estudio privado, cuyas paredes de papel estaban abiertas al mundo".[13] Graciela Montes, por su parte, recuerda los momentos a veces muy largos en los que miraba libros ilustrados de niña: "Algo se abría para que yo lo habitara. Lo que recuerdo es esa sensación de entrar a algún sitio donde era bienvenida. Una sensación

---

[10] Informe de la Agencia de las Naciones Unidas para los Refugiados. http://www.unhcr.fr/5581a037c.html

[11] *Pourquoi être heureux quand on peut être normal ?* (*¿Por qué ser feliz si se puede ser normal?*) París, Éd. de l'Olivier, 2012, p. 79.

[12] *Habiter* (*Habitar*), París, Flammarion, 2013, p. 172.

[13] *Des livres mouillés par la mer* (*Libros mojados por el mar*), París, Gallimard, 2016, p. 88.

de casa. Era semejante al efecto que me producía entrar a un relato, a un cuento. Eran habitaciones, estados. Pequeños universos portátiles".[14]

Un libro es más o menos una miniatura y parte de su poder de encantar proviene de que sugiere una casa con sus ventanas (quizá más aún si contiene imágenes) y lo que hay alrededor. Bien lo han entendido algunos ilustradores, que a menudo representan un libro como una pequeña tienda de campaña en medio de un bosque donde se ha deslizado un niño, tranquilo, protegido. Los niños muy pequeños también lo sienten y a veces se ponen un álbum en la cabeza como si fuera un techo a su medida. Es por ello más sensible cuando se trata de libros impresos cuya forma física sugiere la de un refugio, además del contenido, texto e imágenes, que es hospitalario. Sin duda no entramos de la misma forma en un e-book que en un libro de tapa dura. "Estamos expuestos a la pantalla, protegidos por el libro", por su carácter inmutable, escribe Michel Melot.[15]

Sin embargo, los libros, y en particular las obras literarias, no constituyen sólo una especie de refugio que uno puede llevar consigo, que ya sería mucho en el mundo brutal en que vivimos, que tantas veces nos infunde la sensación de ser expulsados. Y cabe señalar que nunca fue con una fortaleza, con un búnker o incluso con una casa de piedra o ladrillo con lo que aquellos que escuchaba o leía comparaban la lectura, sino a veces con un nido ("Los libros son las ramitas con que construyo mi nido", así lo dice Marina Colasanti). O de manera recurrente con una cabaña:

---

[14]   *Palabra redonda*, Buenos Aires, Kunumi, 2022.
[15]   *Livre*, París, L'œil neuf éditions, 2006, p. 186.

"Estaba leyendo, era como si estuviera en una cabaña en un árbol" escuché decir a uno y otro lado del Atlántico.[16] Ahora bien, la cabaña es un espacio íntimo, pero desde donde se perciben las distancias, un más allá. Ya sea que esté hecha de troncos, de ramas o de paja, deja entrar los cantos, los gritos y los olores del bosque, la cabaña respira.

"El alma es una depredadora insaciable de paisajes"

Otros comparan los libros con un espacio mucho más amplio que un refugio. Por ejemplo, dicen: "los libros eran tierra de asilo", o "la lectura es mi patria" o incluso: "fue todo un paisaje que se abrió, que ensanchó considerablemente el lugar donde yo vivía". Los libros ofrecen una cabaña desde la cual se pueden percibir los ruidos o el canto del mundo, pero también los paisajes.

Cuando era niña, me parece incluso que esto era lo que buscaba sobre todo en los libros: paisajes. O tal vez eso fue lo que encontraba en ellos, sin siquiera buscarlo. Un arreglo de elementos físicos en el que me parecía estar justo donde hacía falta para sentirme bien, mientras que en el mundo supuestamente real eso no era tan frecuente. Mucho después me di cuenta de que mucha gente era como yo. Al respecto, un pequeño *gif* que ha estado circulando por las redes sociales me parece que representa lo vivido por muchos lectores. Hay allí un libro, colocado en el suelo, luego un personaje entra en escena y avanza, sin nada a su alrededor.

---

[16] Aquí, nuevamente, es una figuración que encuentran los ilustradores, como Emmanuelle Halgand, quien realizó un hermoso cartel para la Feria del Libro Juvenil de Caudebec.

Ve el libro, se detiene, mira a la derecha e izquierda si no hay nadie buscándolo. Luego se sienta y comienza a leer. Y muy pronto, todo un paisaje colorido, amable, toma forma y se eleva a su alrededor, árboles de diferentes especies, montañas, un lago.

De una oración puede surgir todo un universo. "Cuanto más pequeño es, más grande es", comenta Hélène Cixous, evocando la paradoja de las dimensiones de estos lugares que son los libros.[17] Leer, o escuchar una lectura, más aún si se trata de textos escritos en una lengua dotada de cualidades literarias y estéticas, hace que a nuestro alrededor surjan paisajes, composiciones de elementos, sin que siquiera seamos conscientes de ello. Al parecer, no es tanto que los lectores los "vean", que se los representen en el sentido visual del término, sino más bien que experimentan su presencia. Y entonces tienen la sensación de estar en su propio lugar, de encontrar un lugar; una sensación momentánea, pero que trae bienestar, se registra en el cuerpo y en la mente, y deja huellas.

A lo largo de las lecturas, a menudo se produce incluso una combinación de paisajes, como por ejemplo en *Austerlitz* de W. G. Sebald, para el personaje epónimo que relata sus años en el internado. Habían sido "menos un periodo de cautiverio que una liberación", en particular gracias a las lecturas a las que se entregaba:

Leía todo lo que podía contener esta biblioteca escolar, constituida según las reglas de la más completa arbitrariedad, leí todo lo que mis maestros me prestaron, libros de

---

[17]   *Comme il nous plaira*, seminario en línea, 12/12/2020.

historia y geografía, relatos de viajes, novelas, biografías, me quedaba sumido hasta que llegaba la noche en atlas y obras de referencia. Poco a poco nació en mi cabeza una especie de paisaje ideal en el que el desierto de Arabia, el reino de los aztecas, el continente antártico, los Alpes nevados, el Paso del Noroeste, el río Congo y la península de Crimea se codeaban para formar un panorama único, poblado por todos los seres que se relacionaban con él. Dado que en cualquier momento [...] podía sumergirme en ese mundo, nunca me hundí en el profundo abatimiento que sufrieron muchos internos...[18]

"El alma es un depredador insaciable de paisajes que alimentan el inconsciente", escribe Claude Burgelin.[19] Basta ver cuánto necesitan los niños pequeños dibujar, no sólo una casa, sino también, a su alrededor, árboles, un jardín, animales, un camino, nubes, el sol. Como si sintieran una necesidad psíquica de componer un paisaje, un espacio cuyos elementos formen un todo. Y si escuchamos al psicoanalista Rémy Puyuelo, la construcción de un paisaje interior es "la primera cabaña psíquica".[20] Sin esto, los niños, especialmente los que tienen dificultades, no podrán "alojar" a unos padres dentro de sí mismos para conversar con ellos, agrega. Esto creará "niños sin hogar", sin puntos de apoyo ni anclaje. Puyuelo también observa que cuando se llega a cierta edad, uno desea volver a los lugares donde

---

[18] *Austerlitz*, Arles, Actes Sud /Babel, 2002, p. 74.

[19] "L'autobiographie : une conquête spatiale" (La autobiografía, una conquista espacial), *Villa Gillet*, 5, 1996, p. 53.

[20] Encuentros trimestrales de ACCES, 18/11/2011. https://www.acces-li rabebe.fr/wp-content/uploads/2018/03/Rencontre6-Rémy-Puyuelo. pdf

vivió en su infancia: "Lo que me llama la atención es que uno no va al encuentro de los seres queridos, que casi siempre han desaparecido, por otro lado, sino que va al encuentro con un paisaje, una cuna". Donde se ve que también nosotros estamos "hechos de formas".

Algunos de nuestros paisajes interiores son tomados de lugares donde hemos conocido momentos felices —o dolorosos—, por la curiosa capacidad que tiene el espacio de empaparse de lo vivido allí, de recoger su eco, de restituírnoslo cuando volvemos a él. Otros paisajes nos han sido transmitidos, como vimos arriba con el padre de Yannis Kiourtsakis y La Canea o la madre de Fatima Sissani y las montañas de Cabila. En efecto, una parte esencial de la transmisión cultural, en particular de las literaturas de la voz, consiste en presentar el mundo a los niños, en organizarlo y darle sentido gracias a relatos que remiten a un tiempo pasado, en transformar elementos que tienen ante sus ojos en un conjunto. Cabe señalar que es incluso a veces por milenios que la memoria de los lugares se perpetúa de esta manera, como en Australia, donde los aborígenes transmiten historias de más de siete mil años, que evocan detalles de paisajes hoy sumergidos bajo el agua.

También hay en nosotros extensiones, paisajes, que hemos encontrado en textos o imágenes de las que nos hemos apropiado, y que nos envuelven y al mismo tiempo están en nuestro centro. Porque esto es precisamente algo que la literatura, oral y escrita (y el arte, la pintura y la ilustración en particular) nos ofrece en abundancia. La literatura establece, propone, prodiga, tierras, países, paisajes; en ese sentido nos engrandece, no en el sentido moral, sino porque nuestro espacio interior consigue cobrar una forma

SOMOS ANIMALES POÉTICOS   101

habitable o reconfigurarse. Para muchos lectores que he conocido o cuyos recuerdos he leído, los paisajes que surgían
en ellos de los libros leídos u hojeados habían permitido
que su vida psíquica se desarrollara, como las flores de papel
japonesas, una vez sumergidas en el agua.

Por otro lado, escribir es quizás antes que nada componer un paisaje. Así lo decían escritores como Lawrence
Durrell que expresaba: "Todo lo que sale de mí es un paisaje",[21] o Maylis de Kérangal: "A veces me digo a mí misma
que escribir es establecer un paisaje".[22] También menciona que en el origen de una novela siempre hay un deseo de
espacios. O la búsqueda de un espacio perdido, un paisaje
desaparecido que la escritora o el escritor se esfuerza por
reconstruir. De manera similar, según Olivier Rolin, hay
en cada escritor un paisaje de infancia, un paisaje original
que dibuja el "rostro interior" de cada quien. Y se esfuerza por descubrirlo en las obras de Hemingway, Nabokov,
Kawabata, Borges o Michaux.[23]

Por mi parte, pienso en Gabriel García Márquez, en su
exilio en Bogotá cuando era joven, luego de un largo y
hermoso ascenso por el río Magdalena del que dijo: "por lo
único que quisiera volver a ser niño es para gozar de aquel
viaje". Ese valle de tierras cálidas que lo envolvía y del que
tuvo que arrancarse para llegar a la capital donde se había dormido llorando entre sábanas heladas. Esas orillas del
río —tal como eran antes de que sus aguas se pudrieran y
desaparecieran sus animales— las revisitará y transfigurará

[21] Citado por Béatrice Commengé en *Une vie de paysages* (*Una vida de paisajes*), Lagrasse, Verdier, 2016, p. 45.
[22] *À ce stade de la nuit* (*En esa etapa de la noche*), París, Verticales, 2014, p. 56.
[23] *Paysages originels* (*Paisajes originales*), París, Seuil, 1999.

en algunos de sus más bellos libros, compartiéndolas con
nosotros.

Armonizarse con el mundo

Así como para García Márquez, lo que se pierde en el exilio es también, muy a menudo, un vínculo con el mundo
que llamamos "natural", la proximidad física de un volcán
nevado, de un río y sus orillas, de mil formas de existencia
vegetal y animal. Y es también la fuerza de su presencia en
el universo simbólico, en relatos, mitos, canciones, imágenes.
Como vimos en el ejemplo cabila anterior, las culturas tradicionales los vinculaban a lo que llamamos naturaleza, a la
montaña, a la perdiz, al halcón, así como los vinculaban a los
antepasados. Los anclaban en una cosmología y construían
puentes entre los mundos reales y los mundos invisibles. Los
humanos vivían allí "más preocupados por armonizar con el
mundo que por acceder a su posesión", para hablar como
Georges Balandier.[24]

En este sentido, sin duda todos somos más o menos exiliados. Porque en nuestras sociedades muy desencantadas,
basadas en la objetivación, la que domina es la razón técnica, utilitaria, comercial. Ya no existe un acercamiento
poético y mítico al mundo que nos rodea, que nos permita
sentirnos parte de él. La pertenencia se reduce más o menos
a la identidad social, o más bien a la posición social, incluso a la asignación social, determinada en gran medida por
el estatus económico, el color de la piel, el género, el barrio
donde se encuentra alojamiento. La relación con las cosas

[24]   *Civilisés, dit-on* (*Les dicen civilizados*), París, PUF, 2003, p. 202.

está ahí destinada a ser de puro consumo, pero también, en gran medida, la relación con los animales, con los lugares: una depredación, una poda devastadoras. En casi todas partes, muchos paisajes han sido aniquilados por las industrias extractivas, los grandes grupos agroalimentarios o comerciales y por un urbanismo sin alma. La destrucción de los demás habitantes de la Tierra ha alcanzado proporciones dementes: 58 por ciento de los vertebrados habrían desaparecido en cuarenta años; un tercio de los árboles están amenazados de extinción como consecuencia de la explotación agrícola y forestal;[25] es probable que desaparezca la mitad de las plantas con flores del planeta, es decir, cerca de 175,000 especies de plantas de 350,000[26] y cuántos pueblos han perdido sus territorios, sus lenguas, sus culturas, su mismo ser.

Jean-Christophe Bailly evoca "la necesidad de un movimiento hacia las cosas que ya no sea el del goce o del provecho y el rechazo, sino el del respeto, la consideración, el asombro", "la idea de la atención, de una escucha atenta, preocupada". "Sobre esta escucha y su tensión existen tradiciones casi en todas partes en el mundo [...] pero también en todas partes los hombres de hoy, y ésta sería su característica, se han vuelto distraídos, desatentos, impacientes."[27]

Éste sería uno de los retos, y no el menor, a enfrentar con ayuda de la literatura, el arte y la ciencia, en la medida en que ésta es poética: cultivar la atención, la escucha, pero también la capacidad de soñar. Porque la mayoría de los

---

[25] *Le Monde*, 4/9/2021.

[26] De acuerdo con un estudio publicado el 13/10/2021 en *Science Advances* (citado en *Le Monde*, 16/10/2021).

[27] *L'Élargissement du poème* (*El ensanchamiento del poema*), París, Bourgois, 2015, p. 201 (relativo a ciertas corrientes artísticas contemporáneas, como el *arte povera*).

niños todavía sueñan, y experimentan ese asombro ante las cosas; quieren explorar el mundo, sus infinitos, sus misterios. Para Paula Bombara, observar la vida científicamente es incluso observar desde la curiosidad insaciable de un niño.[28] Y para Pierre Péju, el niño "es espontáneamente astrónomo y físico, herbolario y mineralogista, coleccionista e investigador. Existe en el corazón del niño una disposición enciclopédica indómita que es amor del mundo".[29] Esta disposición debe ser apoyada, sobre todo porque es este amor por el mundo lo que les hará querer, más tarde, ocuparse de él, cuidarlo.[30]

Muchos ya sobresalen en ello, y cuando dije que en nuestras sociedades ya no había un acercamiento poético y mítico al mundo eso no es del todo correcto. Afortunadamente, las personas siguen encargándose de fomentar la curiosidad de los niños, su "disposición enciclopédica indómita", de vincularse con su entorno, de nombrar y cantar lugares, de dar vida a los paisajes a través de los relatos. Padres o ya abuelos, que redescubren partes de sus culturas o descubren otras, y transmiten a los niños cantinelas en las que oímos "cantar al lobo y al zorro", coplas ("El día en que tú naciste/nacieron todas las flores/y en la pila del bautismo/

---

[28]   Paula Bombara cita a Marie Curie quien, en su diario, recordaba "que enseñar las ciencias naturales no era sino enseñar a amar la vida, pero que pocos compartían esa visión de la ciencia". "Cuando la curiosidad florece", art. cit.

[29]   Pierre Péju, *La Petite fille dans la forêt des contes* (*La niña en el bosque de los cuentos*), París, Robert Laffont, 1997, p. 118.

[30]   "Es el amor del mundo el que nos da una disposición de espíritu política", Hannah Arendt. Cf. la entrevista con Bérénice Levet publicada en *Le Monde* del 29/6/2012 en ocasión de la publicación de su ensayo *Le Musée imaginaire d'Hannah Arendt* (*El museo imaginario de Hannah Arendt*), París, Stock, 2011.

cantaron los ruiseñores"), mitos o cuentos que "nos dicen que no estamos solos, que la vida es una corriente inmensa que compartimos no sólo con los otros individuos de nuestra especie, sino con los animales y los bosques, con las dunas de los desiertos y los cielos salpicados de estrellas", en palabras de Gustavo Martín Garzo.[31] Donde vemos, nuevamente, lo importante que es ayudar a estos padres o abuelos a recuperar su riqueza.

Ciertos facilitadores culturales profesionales o voluntarios son también los encargados de tejer estos vínculos e inventar, día tras día, todo un arte de hacer las cosas para que los niños (o los adultos) puedan afinar su atención, su escucha, su curiosidad y tejer vínculos con el mundo que llamamos natural, y cantarlo, para redescubrir esa parte de pertenencia que va más allá de clanes y vallas. Para ello, extraen de lo que han almacenado en su cofre del tesoro historias representadas por palabras, imágenes, gestos, pero también conocimientos que se encuentran en los libros. Algunos recurren a la astronomía, a la biología, a la botánica. Así pues, hay maestros que saben cómo reencantar el mundo y hacer que el conocimiento recupere su función de iniciación profunda a la vida.

Otros recurren a las maravillas de la literatura infantil donde se ofrece con frecuencia un mundo preservado de la objetivación, un poco animista, como en esos álbumes en que osos, leones, elefantes, árboles e incluso objetos están dotados de una interioridad, de una singularidad, de una calidad real de presencia, ya sea que se trate de un animal, un personaje, un paisaje. Muchos autores e ilustradores

---

[31] *Una casa de palabras, op. cit.*, p. 54.

"juveniles" sienten que para los niños, más que para nosotros, pertenecer significa no sólo ser parte de la familia, por
fundamental que sea, de la clase, del grupo de amigos o de
un país. Hay algo más, más grande. Bachelard decía que "el
niño que sueña conoce la ensoñación cósmica, aquella que
nos une al mundo".[32]

Quizá los adultos también necesiten, más de lo que creen,
ese "ensueño cósmico" que los una al mundo. Según Robert Harrison, el desarraigo general nos convierte a cada
uno de nosotros en una especie de refugiados.[33] Basta pensar
en el éxito que están teniendo actualmente en un gran número de países los libros dedicados al mar, los árboles y las
aves. "La naturaleza ocupa un lugar creciente en el mundo
editorial; crónicas, ensayos, novelas y poesía ofrecen al lector urbano viajes por paisajes lejanos", señala un artículo de
La Nación.[34] Pensemos también en el renacer del lirismo del
que hablaba Michel Collot, cuando con la modernidad se
había vuelto "indecente cantar en un mundo eternamente
desencantado.[35] Marielle Macé nos recuerda que "esos seres
que hoy exigen tanto que los tratemos de manera diferente,
los pájaros pues, pero también los vientos, los ríos, los bosques, los fantasmas… son las muy antiguas *cosas líricas*".[36]

---

[32] *La Poétique de la rêverie*, París, PUF, 1999, p. 92.
[33] *Forêts : essai sur l'imaginaire occidental,* París, Flammarion, 1992, p. 337.
[34] Carolina Esses, "Un territorio vasto en representaciones que se refugia
en los libros", *La Nación*, Buenos Aires, 8/7/2018. https://www.lana
cion.com.ar/2150632-un-territorio-vasto-en-representaciones-
que-se-refugia-en-los-libros
[35] *Le Chant du monde dans la poésie française contemporaine (El canto del mundo
en la poesía francesa contemporánea)*, París, Corti, 2019, p. 101.
[36] "Comment les oiseaux se sont tus" (Cómo callaron los pájaros), *Critique*,
860-861, enero-febrero de 2019; "Vivre dans un monde abîmé" (Vivir
en un mundo descompuesto), p. 17. Véase también *Une Pluie d'oiseaux*,
París, Corti, 2022.

Y que aquí, "la poesía es muy erudita". Además, en casi todas partes, la ecopoética también está en auge. Como una antropología cercana a la literatura y a la filosofía que, siguiendo la estela de Philippe Descola, explora otros modos de estar en el mundo distintos de los que llevaron al desastre ecológico, a la guerra contra la vida, otros posibles.[37]

El canto, la poesía, más allá la literatura, oral y escrita, le permiten a uno sentirse conectado con algo mucho más grande que uno mismo. No porque los textos edificantes nos asocien a una comunidad nacional estrecha dentro de sus fronteras, sino porque lo que se encuentra en la literatura, y en el contacto con las obras de arte, desde temprana edad, puede ser, insisto, una sintonía, en el sentido musical del término, con lo que nos rodea. Como si los lectores redescubrieran ese acuerdo lírico con el mundo que la modernidad ha combatido, viendo en él una ilusión.

Paulo Freire, el gran pedagogo brasileño, decía haber leído el lenguaje del mango en las diferentes estaciones, el de las ramas de los árboles, el de la voz del viento, el de tantas otras cosas, y esa lectura del mundo había facilitado su acceso a la lectura de las letras. En Argentina, en Brasil, en Colombia, varias personas me decían que había que valorar formas de lectura que incluyeran los lenguajes de eso que llamamos naturaleza. Muchos de quienes he seguido su obra salen y recorren el espacio con los niños, los adolescentes o los adultos a los que acompañan. Escuchan sus historias, lo que tienen que decir sobre árboles, pájaros, peces. Ellos lo valoran. Y ofrecen sus propias historias, sus

[37] Ver en particular lo que escriben Nastassja Martin, Baptiste Morizot, Vinciane Despret…

propias riquezas. Porque la transmisión cultural es un compartir, no una imposición.

Una restauración del paisaje

También, algo que la literatura, oral y escrita, y el arte pueden aportar es volver a habitar lugares atormentados por episodios crueles, recomponer paisajes destruidos o dañados, modificar su percepción: pueblos donde se han producido masacres, ciudades bombardeadas, geografías rotas. No basta con reconstruirlos materialmente, también es necesario hacer todo un trabajo de reconstrucción simbólica y estética, un trabajo de memoria para dar forma a lo sucedido, poder distanciarse un poco de ello, y encontrar otros recuerdos, más felices, más vivos, una historia más compleja, como en el siguiente ejemplo.

Durante casi veinte años, Florence Prudhomme ha viajado regularmente a Ruanda, donde muchos lugares están asociados con terribles recuerdos, desde el genocidio de 1994. Creó un centro de barrio en Kigali para ayudar a las viudas y huérfanos muy pobres a reconstruirse.[38] Les ofreció todo un apoyo terapéutico, pero también artístico y literario, con el redescubrimiento de una tradición pictórica, el *imigongo*, que muchos desconocían o habían olvidado y que ahora las mujeres manejan con destreza. Las mayores encontraron canciones de cuna olvidadas, grabaron un CD para compartirlas. Y con ayuda de un escritor, muchas

---

[38] Véase Florence Prudhomme, *Rwanda, l'art de se reconstruire* (*Ruanda, el arte de reconstruirse*), París, Ateliers Henry Dougier, 2015. Véase también http://www.rwanda-avenir.org

mujeres y hombres escribieron unos *Cuadernos de memoria* que se leían unos a otros, cada uno apoyándose en el otro para dejar que sus propios recuerdos, a menudo terribles, vinieran y poder decirlos. Estos *Cuadernos*, publicados en francés[39] y en kinyarwanda, constituyen testimonios fundamentales sobre el genocidio, pero también sobre la vida de antes.

En varias ocasiones, Florence Prudhomme también organizó viajes al país y dice:

En 2013, un viaje de memoria nos llevó, a las abuelas y a nosotras, al sur del país. Atravesamos regiones cargadas de recuerdos y de ausencias. Los gritos, las lágrimas brotan. Estaba allí. Sólo quedan espinas y arbustos. Los lugares están devastados, abandonados, destruidos para siempre. Durante el viaje, sin embargo, surgen otros recuerdos, leyendas contadas por los abuelos, historias enigmáticas, cuentos. La restauración del paisaje está en marcha. Los recuerdos felices se mezclan con la tristeza. Los lugares se animan y se apaciguan. La presencia de los desaparecidos es una imagen viva. Los rebaños vuelven a los ojos. Y también las mañanas en que se cosechaban yerbas que, reunidas en gavillas, se mecían alegres sobre las cabezas de las niñas. Las estaciones eran las de las cosechas y de las vigilias en las que se transmitía la historia de Ruanda.[40]

---

[39] Florence Prudhomme (dir.), *Cahiers de mémoire. Kigali, 2014* (*Cuadernos de memoria. Kigali, 2014*) y *Cahiers de mémoire. Kigali, 2019*, París, Classiques Garnier.

[40] Florence Prudhomme, "L'Atelier de mémoire" (El taller de memoria), en *Cahiers de mémoire. Kigali, 2014*, op. cit., p. 15. https://classiques-garnier.com/cahiers-de-memoire-kigali-2014-l-atelier-de-memoire-en.html?displaymode=full

En este campo de la "restauración del paisaje", pienso también en las bordadoras de Mampuján, una comunidad afrodescendiente de Colombia. En el año 2000, los habitantes de Mampuján fueron expulsados de su pueblo por un grupo paramilitar para que los narcos organizaran su tráfico entre el mar y la montaña. Doscientas cuarenta y cinco familias tuvieron que trasladarse a vivir bajo lonas de plástico o en refugios de cartón a pocos kilómetros de distancia.[41] "Hasta los fantasmas se han ido", dijo un aldeano. Desde entonces, en Mampuján, "no se escucha el ruido de un *picó*, las campanas de la iglesia o las habladurías en las esquinas de los barrios. No se siente el olor de los animales domésticos, de las frutas de la temporada o de los puestos de almuerzo...",[42] escribe Emy Osorio Matorel.

En 2006, a instancias de una líder comunitaria y luego de una psicóloga estadunidense, mujeres desplazadas comenzaron a reunirse para bordar con la técnica del *quilting*, superponiendo varias telas. Rápidamente expresaron el deseo de ya no representar figuras geométricas, sino contar, a través de esta técnica, lo que habían vivido, y también lo que habían vivido las comunidades cercanas a lo largo del "camino de la muerte". Al cabo de los años su arte se ha desarrollado. Hoy uno de sus tapices se encuentra en el Museo

---

[41] Véase Pierre Magnetto, "Le récit brodé des déplacées de Mampuján" (El relato bordado de los desplazados de Mampuján), *Naja 21,* 21/1/2016. http://naja21.com/espace-journal/le-recit-brode-des-deplacees-de-mampujan/ Véase también: http://www.scielo.org.mx/scielo.php?script=sci_arttext&pid=S1870-00632017000200059; https://artreconciliation.org/arts-and-reconciliation/case-studies/the-weavers-of-mampujan/

[42] Emy Osorio Matorel, "Diecisiete años entre Mampuján y Mampujancito", *070,* 2017. https://cerosetenta.uniandes.edu.co/17-anos-entre-mampujan-y-mampujancito/

Nacional de Bogotá y algunos han sido expuestos en otros países (en particular, en el Museo de Aquitania en Burdeos).

Cuando vi reproducciones de estas obras, me llamó la atención que muchas veces representaban el paisaje perdido, las montañas, el río, los árboles y las casas, los animales. Allí nuevamente lo reconstituían, luego daban un lugar a cada uno de los que allí vivían. Pero como dice el fotógrafo Echavarría, que los acompañó un tiempo, "llegaron muy lejos en su memoria". También representaron desplazamientos mucho más antiguos, como los que habían arrancado a sus antepasados de África. Y allí, de nuevo, bordaron paisajes perdidos con su vegetación y multitud de animales, elefantes, jirafas, cebras, tigres, serpientes, entre los que sus ancestros realizaban sus actividades cotidianas. Otros tapices evocaban la trata de esclavos, la travesía del Atlántico, la venta de esclavos a su llegada, pero también los cimarrones, la vida de los antiguos esclavos huidos. Realizaron investigaciones sobre el pasado de las comunidades afrodescendientes, cuestionaron los estereotipos de género y trabajaron a favor de la reconciliación. Con los años, dejaron de llorar y se reían mucho juntas.

"Hay flores que ordenan el universo",[43] escribe Ricardo Yáñez. Hay palabras, frases, imágenes que ordenan el universo y transforman lo que nos rodea, así como nuestro mundo interior, en paisajes habitables.

Porque habitar va más allá de la casa. Para el arquitecto Henri Gaudin, consiste en "tejer todo tipo de cosas a nuestro

[43] *Un pajarillo canta*, México, Fondo de Cultura Económica, 2006.

alrededor para hacerlas amigas, para que nos sean menos indiferentes. Habitar es eso, disponer de las cosas de nuestro entorno. Eliminar la distancia con la extrañeza de lo que está fuera de nosotros. Tratar de salir del desamparo mental provocado por la incomprensibilidad inherente a lo que está fuera de nosotros".[44] Domesticar la exterioridad del mundo para sentirse menos perdido.

La casa es una nota de la armonía que nuestra vida busca realizar, dice Gaudin. Ciertas porciones de espacio percibidas como un todo, ciertos paisajes, son también notas de este acorde. Porque al verlos, o más bien al sentirlos, experimentamos una complicidad, un particular bienestar de encontrarnos donde estamos. Y su recuerdo nos acompaña dondequiera que estemos después, sin siquiera pensarlo.[45]

[44]   "Embrasure", en *Villa Gillet, op. cit.*, p. 22.
[45]   Si escuchamos a Gilles Clément, un paisaje es "lo que conservamos en nuestra memoria después de haber dejado de mirar…". Cf. *Jardins, paysage et génie naturel* (Jardines, paisaje y genio natural), lección inaugural pronunciada el 1/12/2011, Collège de France. https://books.openedition.org/cdf/510

Interludio

¿Ver imágenes al leer?

UN PSICÓLOGO COGNITIVISTA me dijo una vez que veía imágenes cuando leía, que eran muy precisas. Para él era obvio y atribuía su placer por la lectura a la aparición de estas imágenes. Nunca había dudado de que lo mismo era cierto para todos. Cuando le dije que no estaba tan segura, se sorprendió mucho. Le expliqué que había pasado gran parte de mi vida en los libros, con mucho placer, nunca había podido pasar ni tres días sin ir a una librería, pero en mi mente no surgían imágenes precisas, no me estaba inventando cosas. Me miró con recelo, como si se preguntara por mi cordura.

Había investigado entonces un poco entre mis seres cercanos: sí, claro, veían imágenes, e incluso con detalles, respondían sin siquiera pensarlo. Como lo hacía la mayoría de aquellos y aquellas a quienes a veces les hacía la pregunta después de una conferencia. Para tranquilizarme, recordé a Jeanne Benameur que, durante una jornada de estudio, había relacionado el hecho de que a algunos niños no les gustaba leer con su dificultad para evocar imágenes. Así que no era la única, pero me gustaba leer. Y no sentía eso como una dificultad. Afortunadamente, terminé encontrándome un aliado de peso: alguien tan visual como Jean-Luc Godard decía que rara vez veía alguna. Si fuera de otro modo sería, precisaba, un mal cineasta y un mal lector: "¿De qué sirve ver a una jovencita apoyada en la almohada

cuando lees *Albertina desaparecida*? Si viera imágenes, en el
sentido en que lo entiende *Paris Match*, también sería un
mal lector. Sólo Lelouch puede idear planos mientras lee
Los miserables".[1] La maldad de Godard me vengó del psicólogo cognitivista.

Pasaron algunos años. Una noche, mientras leía la correspondencia de Paul Auster y Coetzee, encontré con deleite
una discusión entre ellos sobre este tema. Auster planteaba
la pregunta: "¿No es leer el arte de ver las cosas por uno mismo, de evocar imágenes en su propia mente?". Explicaba:

> Como lector, a veces tengo dificultad para situar una ac-
> ción, entender la geografía de una historia. […] En lugar de
> proyectarme en el escenario ficticio que describe el autor
> (un pequeño pueblo en Misisipi, una calle en Tokio, una
> habitación en una mansión inglesa del siglo XVIII), tiendo
> a ubicar a los personajes en lugares que conozco personal-
> mente. No me había dado cuenta de que era culpable de
> este hábito hasta que leí *Orgullo y prejuicio* alrededor de mis
> veinte años (un libro que casi no contiene ninguna des-
> cripción material) y me hallé "viendo" a los personajes en
> la casa donde crecí cuando era niño. Una revelación sensa-
> cional. Pero ¿cómo se puede ver una habitación que existe
> en un libro si el autor no te dice qué hay en ella? Entonces
> te inventas tu propia habitación o injertas la escena en la
> memoria de una habitación. Así, podemos explicar por qué

---

[1]   *Jean-Luc Godard par Jean-Luc Godard*, Cahiers du Cinéma, 1998, tomo 2
       (1984-1998), p. 435.

cada lector de la misma novela lee un libro diferente. Es una participación activa y cada mente produce continuamente sus propias imágenes.

Sin embargo, cuando escribo, el proceso parece invertirse. Los espacios existentes en mis novelas son para mí totalmente concretos.[2]

En otra carta, volvía a la carga:

También me gustaría saber qué "ves" en tu cabeza cuando lees una novela o un cuento o, mejor aún, un cuento de hadas. Si lees lo siguiente: "Había una vez una anciana que vivía con su hija en una cabaña al borde de un bosque oscuro", ¿qué imágenes, si es que hay alguna, te haces? [...] por mi parte tiendo, de un modo u otro, a llenar los espacios en blanco. Quizá no de una forma muy elaborada, pero sí lo suficiente como para imaginar a una mujercita regordeta con un delantal atado a la cintura, para imaginar a una adolescente flaca de largo cabello castaño y piel muy pálida, e imaginar que sale humo por la chimenea de la cabaña. ¿La mente aborrece el vacío? ¿Existe la necesidad de dar cuerpo a lo vago y sin forma, de hacer concreta una acción, o puedes tú estar satisfecho con las palabras en la página, y sólo con ellas, y, si es así, qué sucede para ti cuando lees esas palabras?[3]

---

[2]   Paul Auster y J. M. Coetzee, *Ici & maintenant. Correspondance 2008-2011* (*Aquí y ahora. Correspondencia 2008-2011*), Arles, Actes-Sud, 2013, p. 246.
[3]   *Ibid.*, p. 255.

A lo que Coetzee respondió:

En tu última carta continúas la discusión sobre los espacios
ficticios, y me preguntas qué veo, con mi ojo interior, cuando leo en un libro que había una anciana que vivía con su
hija en una cabaña al borde del bosque. Comparado conti-
go, parezco tener una imaginación visual más bien medio-
cre. Durante una lectura normal, no creo que "vea" nada.
Sólo cuando vienes a pedirme que te dé cuenta de esto, en
retrospectiva, procedo a un montaje en el que aparecen un
embrión de anciana, su hija, una cabaña y un bosque.

Lo que parezco tener, en lugar de imaginación visual, es
lo que llamo vagamente un aura o tonalidad. Cuando vuelvo mentalmente a un libro específico que conozco bien,
me parece que invoco un aura única que, por supuesto, no
puedo formular sin volver a escribir el libro.[4]

Así que yo era como Coetzee. Y todavía lo soy. Releyendo *La prisionera* de Proust todavía puedo advertirlo. Sobre
los lugares mencionados, la casa del narrador, la recámara
donde se encuentra o la de Albertine, no imagino absolutamente nada, volúmenes, pinturas murales, cortinas, muebles,
alfombras o bibelots. Sólo la escena del baño contigua a la
de Albertine me sugiere una representación muy vaga, fu-
gaz, brumosa.

Tampoco tengo la menor idea visual de la casa de los
Verdurin, vestíbulo, sala de estar, lugar donde la gente se
sienta a comer, no "imagino" precisamente ninguna escena, ningún decorado. Ni tampoco tienen los personajes

4   *Ibid.*, pp. 259-260.

una figura o rostro definidos. Sólo el narrador tiene a veces, de manera muy vaga, muy fantasmal, la frágil estatura, la forma del rostro, el fino bigote del autor de la obra, tal como lo han mostrado los retratos. Para los demás personajes, nada o casi: sin duda Albertine es morena, esbelta y hace ondear sus faldas, pero los muchos detalles que da el autor sobre ella, y que me hacen feliz, no hacen que me aparezca un rostro ni una ropa, es el juego de palabras lo que provoca mi placer, su brillantez, y tal vez su musicalidad. Madame Verdurin debe ser regordeta, pero nunca bosquejo sus rasgos, mi deleite no lo requiere; Charlus, sí, si lo pienso bien, debe ser un tipo alto y flaco, con bigote, eso es todo.

No "veo" nada y, sin embargo, en esta obra todo me encanta. Por ejemplo, la evocación de los ruidos de los oficios de la calle: y tampoco veo, ni escucho nada, pero es toda una atmósfera, una ciudad que desapareció hace mucho tiempo y cuya existencia ignoraba, que revive, que surge, sin que esto se traduzca en imágenes definidas. Este ballet de los oficios es más bien la idea de un movimiento, un ritmo, algo indefinible. Y aquí estoy, ya soñando despierta con estos estratos enterrados de París, pero también con los vendedores ambulantes en las calles de Saigón que tanto me gustaba escuchar, un verano, hace veinte años; o con los aldeanos de las islas griegas montados en sus mulas y gritando la belleza de sus flores para atraer a los clientes. Tan lejos de Proust, tan rápido.

También reviso toda mi vida amorosa entre las líneas que leo, sus expectativas, sus alegrías, sus ridiculeces. Sin tampoco apelar a imágenes, escenas concretas. No es precisamente del orden visual, nada que se parezca, de cerca o de lejos, al cine, a su realismo. De ahí la decepción que siento frente a las adaptaciones, como mucha gente (porque probablemente no soy la única que no ve imágenes cuando lee). Puede que no sea tanto que nos imaginemos otra película, como suele decirse, sino más bien algo más que una película. En gran parte indescriptible, difícil de abordar.

Un gran diseñador de portadas de libros, Peter Mendelsund, también se preguntó qué vemos cuando leemos. Y recientemente dedicó un libro de fragmentos y de imágenes a esa cuestión. No sé si la mala encuadernación de la edición francesa es intencional (lo dudo), pero mi copia se deshizo en cientos de hojas sueltas a medida que avanzaba. No obstante, recogí algunas frases sobre la marcha, como ésta que me confirmaba lo que sentía: "Cuando leemos, estamos inmersos. Y cuanto más estamos inmersos, menos capaces somos, en el momento, de dejar que nuestra mente analítica influya en la experiencia que nos absorbe. Discutir lo que se experimenta al leer se reduce, pues, a hablar, en realidad, del recuerdo de haber leído. Y este recuerdo de lectura es un recuerdo falso".[5] Sería como encender la luz lo suficientemente rápido como para ver la oscuridad, dice, apropiándose de la imagen de William James.

Lo que podemos intuir de esta oscuridad, sin embargo, sugiere que no vemos gran cosa: "A lo sumo una silueta, el movimiento de una cabellera, un ojo morado. En el peor de los casos uno no ve nada [...]. No se preocupe, eso no lo convierte en un mal lector". Señala que "los personajes literarios son físicamente vagos: sólo presentan unos cuantos rasgos, y esos rasgos parecen importar poco [...] no

---

[5]   *Que voit-on quand on lit ?*, París, Robert Laffont, 2015, p. 31.

nos permiten representarnos realmente a alguien".[6] Qué aspecto tiene Anna Karenina, no lo sabemos. Más aún, Mendelsund se pregunta si esta imprecisión no es el meollo mismo del placer que se siente: "Si bien es cierto que nuestra imaginación no puede llevarnos más allá de una cierta *imprecisión*, quizá sea esto un elemento central de por qué amamos las historias escritas. Lo que significaría que a veces sólo queremos ver muy poco. [...] Queremos la fluidez y el deambular que nos dan los libros cuando imaginamos su contenido".[7]

Como Auster (y yo, y muchos otros), Mendelsund desliza los lugares donde vivió en aquellos que sugiere el autor: "Para mí, la casa de verano de los Ramsay [en *Al faro*, de Virginia Woolf], llena de invitados, se parece a las casas ruidosas y desordenadas que mi familia alquila durante el verano en Cape Cod. Esta imagen del Cabo es una imagen fundacional para mí. Me permite establecer un vínculo con el libro".[8] Sin embargo, especifica: "Mi casa de Ramsay es una impresión, no una imagen. Y quiero mantener esta impresión. [...] Bueno, tal vez la casa no sea sólo una impresión... Pero la impresión tiene prioridad sobre la imagen".[9] Cuando escuchamos música, señala, lo que experimentamos no se ve disminuido por la ausencia de imágenes. ¿Por qué debería ser diferente cuando leemos una novela? De una experiencia a otra, las cosas sólo cambiarían en apariencia.[10]

6   *Ibid.*, p. 52.
7   *Ibid.*, pp. 214 y 225.
8   *Ibid.*, p. 228.
9   *Ibid.*, p. 229.
10 *Ibid.*, p. 267.

Esta *impresión* tan difícil de definir, y que le daría todo su valor a la lectura (al menos para algunos de nosotros), es quizá lo que Coetzee llamó aura o tonalidad. Y Jean-Paul Kauffmann, impregnación: estando detenido como rehén durante tres años en el Líbano, cuando no tenía nada más que leer, recordaba los poemas o las novelas de antes, esforzándose por encontrar no la historia, no la trama, no las imágenes, sino, como dice, "la impregnación", "la infusión".[11]

Éste es un campo bastante poço explorado y bastante misterioso. Aceptemos que no sabemos mucho sobre esta actividad aparentemente banal, o que hemos olvidado (al menos yo sí) todo tipo de observaciones que se deben haber hecho a lo largo de los siglos. Captar lo que nos pasa cuando leemos no es fácil, sobre todo porque probablemente no nos pase lo mismo a unos y a otros; y que las múltiples escrituras no suscitan los mismos efectos.

Sólo ofrecí aquí un pequeño interludio esperando que alguien, quizá, quisiera tomar el tema y profundizar en él. Por mi parte, me contentaré con encontrar en él un motivo para predicar el eclecticismo y esperar que a todos, desde temprana edad, se les dé el deseo de apropiarse de todo tipo de objetos culturales que nos enriquecen de muchas maneras, sutiles, matizadas. Igualmente valiosas, pero nunca idénticas entre sí. Y seguiré leyendo como siempre lo he hecho, sin ver imágenes, pero con deleite.

---

[11]   *La Maison du retour,* París, Nil Éditions, 2007, pp. 115-116.

"Somos de la misma materia de la que están hechos los sueños"

> No nos damos cuenta del privilegio que es el sueño. En la supervivencia, el sueño no tiene cabida: sólo pensamos en lo esencial.[1]
>
> DJAILI AMADOU AMAL

VAYAN Y AVERIGÜEN POR QUÉ me vino a la mente la frase de Próspero en *La tempestad* de Shakespeare,[2] que he escogido como título de esta presentación. Me hizo querer hablar sobre el sueño y el futuro. Me lancé a este inmenso tema como quien arroja una botella al mar pase lo que pase, porque estaba cansada de los omnipresentes discursos apocalípticos. En muchos lugares, los despachos de noticias al igual que los intercambios en las redes sociales se reducen principalmente a este pequeño resumen que tomo prestado de un ilustrador, Pascal Gros:

> Hola, estamos en alerta de atentado, alerta de secuestro, alerta de tormenta, vigilancia de inundaciones, peligro de contaminación por partículas finas, prevención de alergias al pasto, programa Vigipirate en más que rojo, detección del cáncer y debe controlar su colesterol. Que tengan un buen día.[3]

---

[1] *Boomerang*, France Inter, 2/5/2022. https://www.radiofrance.fr/franceinter/podcasts/boomerang/boomerang-du-lundi-02-mai-2022-1192389

[2] *La tempestad*, acto IV.

[3] Dibujo de Pascal Gros publicado en *Le Parisien*, 16/1/2017.

Por supuesto, no se trata de mirar hacia otro lado cuando el planeta arde, cuando las desigualdades aumentan constantemente y cuando por todas partes personas que huyen de las guerras o de la pobreza mueren en el mar o en los desiertos porque, precisamente, no hay futuro donde vivían. Por el contrario, se trata de luchar, en todos los frentes, por redescubrir la noción de futuro. Porque todos los días nacen niños y no podemos contentarnos con lamentarnos o decirles, en palabras de Marielle Macé, "que son demasiados, que llegan demasiado tarde, endeudados antes de llegar; les seguimos diciendo que para ellos no habrá trabajo, no así, no habrá lugar, no 'como nosotros'".[4] Y algunos hacen eco: "No habrá futuro, señora", como lo escuchó una profesora de francés.[5]

Ese futuro, ellos necesitan, y nosotros necesitamos, poder soñarlo. Entonces, ¿qué vienen a hacer la literatura y el arte, en todo esto? Ambos son caminos reales para redescubrir nuestros sueños, precisamente, para reanimarlos. Hay aquí una dimensión vital que debemos preservar absolutamente, especialmente con los niños y adolescentes.

La locura destructiva en acción

Antes de eso, hay que decir que tenemos alguna razón para estar muy preocupados por el futuro si pensamos en la locura destructiva que está en acción en todas partes. Así, el día que comencé a escribir estas líneas, escuché en la radio que, en Brasil, Jair Bolsonaro había vuelto a calificar de

---

[4]   *Nos cabanes* (*Nuestras cabañas*), Lagrasse, Verdier, 2019, p. 33.
[5]   Citada en *Le Monde* del 10/5/2022 en un artículo sobre el aumento del "*burn-out* escolar" entre los preparatorianos.

"improductiva" la selva amazónica, situación que pretendía corregir extendiendo las agroindustrias, abriendo territorios indígenas a la minería e integrando por la fuerza a los pueblos amerindios y a los *quilombolas* (descendientes de esclavos), aunque eso significara obligarlos a irse a vivir a la ciudad. Dicho y hecho, en julio de 2019 mineros en busca de oro fuertemente armados invadieron reservas indígenas, luego los incendios forestales se multiplicaron y, según los informes, casi 400,000 árboles fueron arrasados diariamente.[6]

Ese mismo día me encontré con un artículo que explicaba que "el cielo estrellado bien podría convertirse en la pantalla publicitaria más grande de la historia"[7] porque las empresas querían convertir los satélites en vallas publicitarias que fueran visibles en el cielo nocturno. La Sociedad de Ciencia y Tecnología Aeroespacial de China anunció por su parte que lanzaría al espacio, sobre la ciudad de Chengdu, una "luna artificial" ocho veces más brillante que la auténtica. Dentro de unos años, cuando caiga la tarde, podríamos ser cegados por marcas de refrescos, hardware electrónico o astros artificiales. Atrás quedaron las noches en que podíamos mostrarles a los niños la Osa Mayor, Orión o la Cruz del Sur contándoles mitos.

Además, tal vez ya no dormiremos más. Porque leyendo estas noticias dignas de un cuento distópico recordé el

[6] *Le Monde,* 25/7/2019. https://www.lemonde.fr/planete/article/2019/07/24/contrarie-par-les-chiffres-de-deforestation-jair-bolsonaro-menace-l-institut-qui-les-divulgue_5492912_3244.html?utm_medium=Social&utm_source=Facebook#Echobox=1563965121.Y *Le Monde,* 20/9/2019. https://www.lemonde.fr/idees/article/2019/09/20/amazonie-la-politique-incendiaire-de-bolsonaro_6012353_3232.html

[7] Jane C. Hu, *Korii Slate,* 16/5/2019. https://korii.slate.fr/et-caetera/publicite-pollution-lumineuse-conquete-espace-satellites

ensayo *24/7: el capitalismo al asalto del sueño*,[8] en el que Jonathan Crary mostraba que la voluntad de reducir espacios y tiempos improductivos abarcaría ahora hasta el sueño. El Departamento de Defensa de Estados Unidos ha financiado durante años a investigadores de varias universidades para estudiar la actividad cerebral de los gorriones de garganta blanca, unas aves migratorias capaces de permanecer despiertas durante siete días seguidos, "con la idea de obtener conocimientos transferibles a los seres humanos" y conformar soldados que algún día estarían disponibles las veinticuatro horas del día. El cuerpo humano adquiriría entonces, dice Crary, "un modo de funcionamiento mecánico, tanto en términos de duración como de eficiencia". Y el soldado desvelado sería el precursor del trabajador o consumidor desvelado. Porque "pasar una parte inmensa de nuestra vida dormidos, liberados del atolladero de las necesidades ficticias, sigue siendo una de las mayores afrentas que los seres humanos podemos hacer a la voracidad del capitalismo contemporáneo".[9]

Deseo de todo corazón que nunca lleguemos a ese mundo completamente regulado, totalmente bajo control, del cual desaparecería todo lo que nos da el sentimiento del allá. Y que los niños estén a salvo de ese horizonte mortífero de una vida sin pausa, sin retraimiento, sin paseos, sin soñar despiertos. Sin bibliotecas ni jardines, también, me imagino. Sin filosofía, sin literatura, sin poesía, claro. De todos modos, esto ha comenzado. Por ejemplo, el mismo Bolsonaro tiene por blanco las "humanidades" y las ciencias sociales,

[8] *24/7, Le Capitalisme à l'assaut du sommeil*, París, La Découverte, 2013.
[9] *Ibid.*, p. 25.

al igual que muchos proyectos culturales que se han visto obligados a detenerse. Y su ministro de Educación, un economista, justificó su decisión de reducir la financiación concedida a las facultades de sociología y filosofía por el deseo de ofrecer una "retribución inmediata al contribuyente".[10]

Se habría inspirado en Japón, donde muchas universidades han anunciado en los últimos años que cerraban departamentos dedicados a la enseñanza de las humanidades y las ciencias sociales, o reducían su actividad, luego de que su ministro de Control los conminara a enfocarse en áreas de enseñanza "útiles para la economía".[11] Porque según los deseos del entonces primer ministro en funciones, Shinzo Abe, "la educación debe adaptarse a las necesidades de la sociedad".

Habría mucho que decir sobre estas llamadas "necesidades de la sociedad" —quién las define, de qué "sociedad" estamos hablando— y más aún sobre este término: "adaptarse", ese mandato permanente al que nos hemos visto sometidos desde hace años, y desde una edad temprana,

[10] *Le Monde*, 3/5/2019. https://www.lemonde.fr/international/article/20 19/05/03/au-bresil-le-ministre-qui-veut-reduire-les-sciences-hu maines_5457823_3210.html#xtor=AL-32280270. *Le Monde*, 6/5/2019. https://www.lemonde.fr/idees/article/2019/05/06/bresil-les-scien ces-sociales-et-les-humanites-ne-sont-pas-un-luxe_5458932_3232. html. Véase también *The Conversation*, 10/7/2019. https://theconversa tion.com/bresil-bolsonaro-en-guerre-contre-lenseignement-des-sciences-humaines-119770

[11] "Japon : jugées inutiles, 26 universités de sciences humaines et sociales vont fermer" (Japón: 26 universidades de ciencias humanas y sociales, consideradas como inútiles, cerrarán), *Le Figaro. Étudiant*, 18/9/2015. https://etudiant.lefigaro.fr/les-news/actu/detail/article/japon-ju gees-inutiles-26-universites-de-sciences-humaines-et-sociales-vont-fermer-16801/

incluso si no somos japoneses: "hay que adaptarse" o se corre el riesgo de ser rebasado, eliminado, excluido, desembarcado del mundo contemporáneo. Este imperativo, constantemente planteado por políticos y supuestos expertos, suele ir acompañado de los términos "competencia", "selección", "evolución" en los que se debe participar so pena de muerte, otras tantas referencias explícitas a un universo darwiniano revisitado (que sin duda hubiera horrorizado a Darwin).[12]

Los ataques a la filosofía, a las ciencias sociales, a la literatura, a la educación artística, no son obra únicamente de los poderes de la extrema derecha: hace ya años que Martha Nussbaum se preocupaba por el hecho de que "en casi todos los países del mundo se amputan las artes y las humanidades, al mismo tiempo en el ciclo primario, el ciclo secundario y la universidad. Los formuladores de políticas lo ven como adornos innecesarios en un momento en que los países necesitan deshacerse de todas las cosas innecesarias para seguir siendo competitivos en el mercado mundial...".[13] Y el día que me enteré de todas estas buenas noticias sobre el futuro de la Amazonía y el cielo estrellado, Pamela Ferreira me escribió desde Chile:

[...] los niños pasan siete horas del día aproximadamente en la escuela, pero dentro de esas horas se han ido retirando progresivamente los espacios para la reflexión y el pensamiento. Se eliminó hace unos años la asignatura de filosofía

---

[12] Cf. Barbara Stiegler, *"Il faut s'adapter". Sur un nouvel impératif politique* (*"Hay que adaptarse". Sobre un nuevo imperativo político*), París, Gallimard, 2019. Según ella, el biologismo constituiría uno de los fundamentos del neoliberalismo.

[13] *Les Émotions démocratiques, op. cit.*, p. 10.

y también la de educación cívica. Peor aún, podríamos pensar que quizá la clase de lenguaje podría ser una gran ventana para reconciliarse con el pensamiento, pero no, pues la mayor parte del tiempo las escuelas se dedican a preparar pruebas estandarizadas de comprensión lectora y escritura...

Estas conminaciones a "adaptarse", o a veces a "ajustarse", como piezas mecánicas, se hacen frecuentemente en nombre de la necesaria consideración de la "realidad". O más bien de "esa ficción absurda que llamamos realidad" y tomo esta fórmula de Gustavo Martín Garzo cuando escribe:

> Bancos que roban a sus clientes, turbios especuladores de bolsa, paraísos fiscales que administran los mismos que nos piden austeridad y resignación, listas de los hombres más ricos del mundo, caciques que tocan el trombón, ministros de cultura entregados a la tauromaquia, asesores de la inanidad, vendedores ufanos del bien común son los personajes de esa ficción absurda que llamamos realidad.[14]

Es también en nombre de la "racionalidad" que deberíamos adaptarnos a las exigencias de los políticos y los expertos, esta racionalidad que estaría en el corazón mismo de la ciencia económica. Como dice Richard Thaler, premio Nobel de Economía, esta "ciencia" se basa todavía en la actualidad, en gran medida, en "un modelo que reemplaza al *Homo*

---

[14] Gustavo Martín Garzo, Países imaginados, http://dueloliterae.blogspot.com/2013/01/los-paises-imaginados-por-gustavo.html. Véase también Mona Chollet, *La tyrannie de la réalité*, París, Folio actuel, Gallimard, 2006.

sapiens con una criatura ficticia llamada *Homo economicus*".[15]
Una criatura imaginaria que se supone que debe tomar decisiones "óptimas" basadas en una racionalidad abstracta.
Sin embargo, comúnmente se observa que las "elecciones" de cada individuo son el resultado de fenómenos mucho más complejos que esta supuesta racionalidad, de factores históricos, culturales, sociales, psicológicos… y que no podemos ignorar los deseos, los sueños, los miedos, las pasiones, la locura también, que son lo propio de los humanos.

Más aún, por cierto, lo propio de quienes están a cargo de la economía. Porque finalmente, si consideramos los ciclos que constituyen el curso ordinario de la actividad económica en un régimen capitalista, en crisis perpetua, hay algo ahí que evoca mucho más el delirio que la racionalidad, con esas continuas montañas rusas que recuerdan lo que en su día se llamó en psiquiatría psicosis maniaco-depresiva y hoy trastorno bipolar.

Yannis Kiourtsakis, refiriéndose a la gravísima crisis que vive su país, Grecia, escribe lo siguiente:

> Lo peor es que no entendamos nada al respecto. ¿Cómo podemos entender este derrumbe brutal después de tantos años de euforia, durante los cuales nuestros gobernantes no paraban de hablarnos de la "victoria" que suponía para todos nosotros "nuestro" ingreso a la zona euro?: en adelante, prometían, Grecia, que ayer todavía era "subdesarrollada", pasaría a formar parte del club de los ricos, dejando atrás para siempre el espectro de la pobreza. Entonces, ¿cómo ocurrió

---

[15] "Necesitamos tener también, en economía, una perspectiva más rica, que reconozca la existencia de los humanos", *Le Monde*, 5/10/2018, p. 7.

el desastre? ¿Y a quién atribuirlo? [...] ¿Qué era esa guerra no declarada cuyo costo ya no era la sangre sino el dinero? ¿Y cuál era el enemigo que teníamos que enfrentar? Al no poder identificarlo, peleábamos entre nosotros.[16]

El lenguaje mismo ocultaba todo pensamiento:

[...] los clichés difundidos por los medios de comunicación griegos e internacionales sólo nos cegaban. Dejé de ver la televisión, tratando de obtener información de la llamada prensa seria. ¡Desgracia! Las palabras con que nos nutría, lejos de arrojar luz sobre nuestro día a día, lo disimulaba en una nube de abstracciones: rigor presupuestario, reducción de déficits, competitividad, reformas estructurales, modernización, rentabilidad, flexibilidad, evaluación... Fue a la sombra de tales palabras que creció la xenofobia, el racismo, el desprecio por los demás, los gritos de odio contra los inmigrantes. [...] [Las palabras] que dominaban se hacían cada día más abstractas, ajenas, incomprensibles, inhumanas. Escuchen: rating agencies, hedge funds, junk bonds (bonos basura), spreads, hair-cut, swaps, warrants; y además siglas: CDS, PSI, ESM, EFSF, IIF... Éstas eran las palabras que ahora nos asediaban en las calles, en los cafés, en las tiendas, por todas partes en la ciudad. Y alimentaban aún más el odio hacia los demás, el odio hacia nosotros mismos.

Sin mencionar siquiera los componentes destructivos y mortíferos de este régimen capitalista, que son particularmente

[16] "Athènes grondait de nouveau" (Atenas volvía a rugir), *Blog Mediapart*, 11/8/2014.

evidentes hoy cuando, como vimos arriba, 58 por ciento de los vertebrados ya habrán desaparecido en cuarenta años y podrían desaparecer la mitad de las plantas con flores del planeta. Ante toda esta locura, es urgente cuidar la lengua, desempolvarla y pensar en un futuro, redescubrir sus sueños.

Mucho había hablado la psicoanalista Silvia Bleichmar sobre la importancia de recomponer la noción de futuro cuando los argentinos tuvieron que enfrentar una crisis igualmente dura (y sin entender, tampoco ellos, cómo había ocurrido ese desastre). "No alcanza con planificar, los sueños tienen que estar en el horizonte mismo de todo proyecto, para que éste tenga sentido."[17] Bleichmar en particular protestó contra la transformación de la infancia en un estado definido por la preparación para una vida productiva, más que por la formación intelectual o la socialización.[18] Para ella, como lo recordé, la escuela tenía que ser "un lugar de recuperación de sueños, no solamente de autoconservación".

Durante la crisis que azotó a su país, ella también destacó la importancia de "ese florecimiento fenomenal de la literatura, del arte, del diseño, en medio de este país devastado. De la defensa de la investigación científica y de la educación, por supuesto. Hay un retorno espontáneo a la defensa de los espacios de creación...",[19] observó. La cultura ocupó un lugar central en la resistencia a sentirse reducidos a seres biológicos, a la única conservación de los cuerpos. "La resistencia de la cultura es el derecho al pensamiento." La literatura, en particular, le parecía fundamental: "Ella constituye

[17] Entrevista realizada por Elisa Boland, *La Mancha*, Buenos Aires, n.° 17, noviembre de 2003.
[18] *Dolor país*, Libros del Zorzal, Buenos Aires, 2002.
[19] Entrevista citada.

el horizonte representacional sobre el cual se articulan los sueños, que no se reducen a empujar un poquito más la realidad presente sino a imaginar otras realidades posibles".[20] Y recordaba: "En mi infancia la literatura abrió un horizonte que me arrancó de la soledad de la pampa, que me arrojó hacia delante y me permitió anticipar otros mundos posibles".

Sí, la literatura, oral y escrita, el arte, son vías reales para reencontrar los sueños y "anticipar otros mundos posibles".

Caminos reales para encontrar sus sueños

Porque, al fin y al cabo, la literatura, el arte, ¿para qué sirven? Frente a las conminaciones a la "adaptación" que mencioné, los mediadores culturales o los investigadores suelen entrar en pánico e intentan, a la defensiva, demostrar que la literatura, tanto como la educación artística, tienen el lugar que les corresponde entre las actividades más "útiles" que pueda haber.

Explicamos, por ejemplo, que la lectura de obras literarias contribuye a la ampliación del repertorio léxico, al enriquecimiento de la sintaxis, a la capacidad de expresión… En definitiva, a una "adaptación" de los niños a las exigencias del mundo escolar, y luego del profesional, así como al futuro ejercicio de la ciudadanía. En las últimas décadas, con el desarrollo de la neurociencia, también se ha explicado ampliamente que al leer se incrementarían las conexiones neuronales en varias regiones del cerebro, que se estimularían las facultades cognitivas, que las emociones

---

[20] *Ibid.*

que propiciaría la literatura contribuirían al aprendizaje, etcétera. A esto se suman todos los discursos sobre la empatía, la compasión, que se han multiplicado recientemente, al igual que aquellos, próximos a éstos, que pretenden mostrar que la literatura serviría para construir valores (en Francia, hemos hablado de una "inflexión ética" en la enseñanza de las letras).

Todo esto no deja de ser verdad, al menos en parte. Y se me ocurrió retomar algunos de estos argumentos, sin gran entusiasmo no obstante, porque los encontré un poco tristes, poco capaces de despertar el entusiasmo de los niños y adolescentes que son tan rápidos para rehuir todo lo que se parezca a una "lección moral", como dicen. Pero más aún, cuando retomé estos discursos, tuve la impresión de traicionar a los lectores, a los que escuchaba y cuyas voces me gustaba hacer circular. Porque no era de eso de lo que me hablaban, la mayor parte del tiempo, en las entrevistas que he tenido con ellos durante unos treinta años. No es de ello tampoco que me hablaban los mediadores culturales que trabajaban con la literatura y el arte en contextos críticos. Eso no es lo que observaban. O más bien, era secundario respecto a cambios mucho más profundos que estaban observando.

Jamás los lectores me han dicho: "Gracias a los libros que me leían cuando era pequeño, tuve mejores resultados en la escuela, me volví más hábil en el manejo del idioma, eso aumentó mi vocabulario, me adapté al mundo del trabajo". Tampoco me dijeron: "Gracias a las historias que me contaba mi abuela, compartí una cultura común, me hice mejor ciudadano, más empático", o qué se yo.

No. Lo que muchos recuerdan, lo que les pareció de primera importancia, esencial, es que esas lecturas abrieron otra dimensión: "Cada noche, nacía un mundo paralelo en voz de mi madre", decía una mujer. "Descubrí que había algo más, otro mundo", dijo este joven. O también: "Más que nada, los libros construyeron otro universo, que podía ser habitado". Lo que también encuentra Djaïli Amadou Amal:

> Y luego, un día, jugando con otros niños en casa de una amiga de mi madre, descubrí un libro. Y la lectura se convirtió en la clave de mi existencia. No conozco ni su título ni su autor. Probablemente era un libro para niños ya que se trataba de un bosque encantado poblado por hadas en algún lugar de Irlanda. Sólo recuerdo que en el momento en que lo abrí me atrapó y me llevó a otra dimensión.[21]

Gracias a esta otra dimensión, el espacio se había ampliado, aireado. A través de textos leídos o escuchados, pero también ilustrados, habían descubierto un mundo paralelo, invisible, más grande, más intenso, y que sin embargo les anclaba más en el mundo real cuando volvían a él, y les daba fuerzas para afrontar eso, para transformarlo.

La literatura quizá sirva sobre todo para dar espacio, más allá del aquí y ahora, para abrirse a un allá, para responder a un deseo de lo desconocido. Porque todos los humanos necesitan espacios imaginados, soñados. Desde tiempos inmemoriales han anhelado expandir sus horizontes, aventurarse en tierras y mares lejanos. Pensemos

---

[21] "Je ne serais pas arrivée là si…" (No hubiera llegado hasta allí si no fuera…), *Le Monde*, 7/3/2021. https://www.lemonde.fr/idees/article/2021/03/07/djaili-amadou-amal-laureate-du-prix-goncourt-des-lyceens-avec-les-livres-une-petite-graine-d-insoumission-a-germe-en-moi_6072234_3232.html

en estos antepasados muy lejanos, en algún lugar de Ocea-
nía, de quienes se descubrió que se embarcaron en canoas
para explorar lugares invisibles desde la costa de donde habían partido. Esto quizá todavía esté en el meollo de lo que
buscamos en los libros. Albert Camus lo había observado
respecto a la biblioteca municipal a la que iba cuando era
pequeño: "En el fondo, no importaba lo que contuvieran
los libros. Lo que importaba era lo que sentían primero al
entrar en la biblioteca, donde no veían las paredes de libros
negros, sino un espacio y horizontes múltiples que, desde
el quicio de la puerta, les permitían evadirse de la vida estrecha del barrio".[22] Esto también me lo habían dicho los
jóvenes en las bibliotecas de los barrios populares: "Descubrí que había otro mundo...", "después de todo, había algo
más...". Había algo más, más allá, y así se podía intentar
cambiar el destino, nada era fatal, cerrado para siempre.

Stéphane Hessel decía que "nunca nos limitamos a lo
que es, siempre podemos pensar en lo que podría ser, imaginar, crear algo...".[23] Para él, la cultura era el resultado de
una curiosidad humana, una forma de decir a los hombres:
"Vayan más lejos, vayan a otra parte; no se queden encua-
drados como están. Tengan imaginación, incluso violenta
si es necesario...".[24]

Los lectores hablan de otro espacio, hablan también de
otro tiempo, ralentizado. Y recuerdan palabras encontradas

[22]   Albert Camus, *Le Premier homme* (*El primer hombre*), París, Gallimard,
        1994, p. 224-229.
[23]   Entrevista realizada por Nicolas Roméas publicada en *Cassandre/Hors-
        champ* y *L'Obs* con *Rue 89*, 30/3/2013, https://www.nouvelobs.com/
        rue89/rue89-rue89-culture/20130330.RUE5143/stephane-hessel-les-
        hommes-ont-besoin-de-la-culture.html
[24]   *Ibid.*

en libros que permitieron decirse lo más secreto, lo más indecible que había en ellos. Palabras que finalmente estaban a la altura de lo vivido, que reanimaban su experiencia, la explicitaban y la transformaban. Emociones que se hicieron pensables, una vida que cobró sentido. Hablan de pensamientos que les aparecieron, de una mirada transformada de sí mismos, de la realidad que los rodeaba. Ensoñaciones en las que se lanzaron. A veces evocan conversaciones que tuvieron a partir de una lectura o un descubrimiento artístico y hablan de las relaciones algo más tranquilas con quienes estaban a su lado. En términos más generales, recuerdan momentos de gracia, de sintonía con el mundo que a veces experimentaron, en los que las cosas, y ellos mismos, simplemente "caían" en su lugar. Y aquí vuelve a mí lo que escribe Shaeffer en *L'Expérience esthétique*:

> En todas las culturas, el ser humano ha sido capaz de aprovechar un conjunto de recursos mentales cuya génesis se remonta muy atrás en la historia de los seres vivos, para dotarse de experiencias (intermitentes) que dan lugar a planos de transparencia donde todo parece caer en su lugar, de forma sencilla y natural, sin dejar momentáneamente lugar a dudas o preocupaciones. Es el acceso a estos momentos de feliz inmanencia lo que en Occidente nos hemos acostumbrado (desde hace tres siglos) a designar con el término "estética".[25]

En otras palabras, los lectores que mencioné se refieren a una necesidad antropológica, la de otra dimensión gracias a la cual la vida psíquica puede desplegarse, decirse,

[25] *L'Expérience esthétique, op. cit.*, p. 310.

transformarse, y el mundo interior tomar una forma más habitable. Una dimensión que luego permite volver al mundo llamado real sintiéndose un poco menos perdido. Y esto, gracias a un lenguaje que no se reduce a lo utilitario, sino que está dotado de cualidades estéticas, de ritmo, de metáforas, de una construcción sorprendente.

Un cuento por la noche, un álbum bonito cuando eres niño, un libro hermoso (e incluso a veces un libro que no sea tan hermoso) aportan todo esto. Otro espacio, otro tiempo, otro lenguaje, en los que descubrimos otra mirada sobre los seres, los lugares, las cosas, el mundo, y donde los deseos se reaniman.

Despertar las bellas durmientes dentro de nosotros

Alguien habló de estas escapadas que nos permiten revitalizarnos, encontrar nuestros sueños y es Gustavo Martín Garzo (quien definitivamente ronda este libro). No es sólo un escritor, sino también un psicólogo de niños, a quienes escuchó y observó muy bien. Al reflexionar sobre su propia infancia, en una entrevista dijo que su mundo real era el de las ensoñaciones, que no son los sueños de quien duerme, sino de quien despierta. Vuelve varias veces a este despertar, por ejemplo comentando *La bella durmiente*:

Hay quienes critican mucho este cuento porque hacen una interpretación literal y consideran que presenta a una mujer pasiva que espera la llegada de un príncipe que la despierte de su sueño. Pero también tiene un lado simbólico, y esa princesa representa nuestra vida dormida; es decir, en cada uno de nosotros hay una bella o un bello durmiente que está esperando despertar en función de los acontecimientos de su vida. Los psicoanalistas hablarían del subconsciente, del mundo de los sueños, de lo no vivido, de lo que deseamos y no llegamos a alcanzar… El mundo de lo inconfesable, de los secretos. Todo eso está en nuestra vida, otra cosa es que queramos darle importancia, abrir un espacio para que aparezca. Y si no lo hacemos, nuestra vida se empobrece. No podemos renunciar a ella, porque sería renunciar a nuestra vitalidad.[26]

El príncipe es el lector que se inclina sobre las páginas del libro y despierta las palabras que allí dormían. Pero en la lectura, el príncipe también revive regiones de sí mismo en las que está lleno de vitalidad y deseos insatisfechos. Y "restablece el reino de la posibilidad".[27] Porque esas vidas dormidas a las que hemos renunciado para someternos al "principio de realidad" se las arreglan para volver, al igual que vuelven los niños que una vez fuimos. Martín Garzo, nuevamente: "Regresan cuando leemos un libro o escuchamos una canción. Regresan cuando amamos a alguien, cuando jugamos con nuestros hijos, cuando buscamos la compañía de los animales. Regresan en nuestros sueños. Representan todo lo que vive más allá de las fronteras de nuestra razón, todo eso que somos y que no cabe en lo real".[28]

Según él, lo que nos empujaría hacia los libros sería el deseo de llegar a esa vida no vivida, de revivir y transformar nuestra vida en "algo bello y eterno".[29] No puedo re-

---

[26] Entrevista publicada en *Noticias de Navarra*, 2/2/2020. https://www.noticiasdenavarra.com/cultura/2016/04/21/humano-necesita-ficciones-constantemente/578266.html

[27] *Una casa de palabras, op. cit.*, p. 39.

[28] "La pregunta por la realidad", *El País*, 15/3/2015.

[29] *Una casa…, op. cit.*

sistir el placer de citar unas líneas más de un texto titulado *Un lugar donde vivir*:

> El bosque hechizado bien podría confundirse con el mundo de los libros. Cuando leemos elegimos visitar ese bosque donde todo puede suceder. En él nos esperan los senderos misteriosos, las llamadas del deseo, las metamorfosis, las sabias mentiras del amor. Esa vida dormida que hay en cada uno de nosotros y que sólo el hechizo de la literatura, como la flor mágica del duende Puck, puede despertar. El tiempo de la lectura es el tiempo intenso de la *kairós* griega, con sus momentos irrepetibles y sus epifanías.[30]

Martín Garzo no es el único que ha evocado esta posibilidad de despertar en cada quien, gracias a la lectura de obras literarias, vidas dormidas, posibilidades, deseos, y de redescubrir nuestra vitalidad. Antes que él, André Gide había notado que ciertos libros —o ciertas frases, ciertas palabras en un libro— se incorporan a nosotros. Su poder, dijo, "se debe a que no ha hecho sino revelarme una parte de mí mismo desconocida para mí mismo" (en el sentido en que se hablaba de "revelar" una fotografía en la época de la foto argéntica). Y Gide añadía: "¡Cuántas princesas dormidas llevamos dentro, ignoradas, esperando una palabra para despertarlas!".[31] Pero también hay, como decía, lo que los jóvenes lectores dicen haber redescubierto gracias a los libros: "al fin y al cabo había otra cosa", el mundo no estaba

---

[30] "Un lugar donde vivir", *El País*, 1/7/2012. https://elpais.com/elpais/2012/06/11/opinion/1339410688_870357.html

[31] *Conférence sur la lecture* (*Conferencia sobre la lectura*) citada por Pierre Lepape en *Le Monde*, 15/10/1999.

cerrado, allí podía pasar cualquier cosa y por tanto nosotros podíamos convertirnos en otra cosa.

Posibilidades

Esta capacidad que tiene la literatura de despertar deseos, regiones del yo que estaban dormidas y, al hacerlo, redescubrir la posibilidad, la imaginación de un futuro, es también lo que los mediadores culturales observan, concretamente, en los talleres que imparten, particularmente en contextos críticos.

Como Sarah Hirschman que, en 1972, había puesto en marcha un programa basado en la lectura de cuentos en voz alta y discusiones con personas que nunca habían tenido acceso a la literatura. Anteriormente había participado en un seminario dirigido por Paulo Freire (el educador odiado por Bolsonaro). Y fue en Estados Unidos donde comenzó a ofrecer este programa a los migrantes. Hasta entonces, la única posibilidad que se les daba era tragarse conocimientos inmediatamente "útiles" donde lo que contaba era la velocidad: "El objetivo era conseguir que los alumnos aprobaran los exámenes lo más rápido posible, darles certificados que todos esperan que les ayuden a mejorar su posición en el mercado laboral";[32] la "adaptación", ya mismo. Hirschman se da cuenta de que muchos conocimientos no habían sido considerados por estas pruebas que medían la formación de los migrantes, y se pregunta: "Esas voces que se hace callar, ¿podrían expresarse en voz alta y realzar su

---

[32] Sarah Hirschman compartió su experiencia en *Gente y cuentos, ¿a quién pertenece la literatura?*, México, Fondo de Cultura Económica, 2009.

autoestima? ¿Se podría liberar una nueva energía al participar activamente en una actividad en la que los nuevos conocimientos están conectados con la experiencia de vida? ¿Existe un espacio propicio para tal apertura?".

Ella va a crear este espacio que adopta la forma de debates en que los migrantes escuchan historias y las discuten, estando ella como mediadora. Al principio, trabaja con un grupo de mujeres latinoamericanas en un barrio obrero de Massachusetts. Lee un cuento de Gabriel García Márquez que rápidamente les trae de vuelta expresiones, giros de lenguaje de su niñez, pero también experiencias de su vida "como si el cuento iluminara una región de ellas mismas hasta entonces extinguida".[33] Y volvemos a encontrar a las bellas durmientes.

En otros contextos, Sarah Hirschman experimenta con relatos de otras culturas que también logran iluminar recuerdos y cosas vividas, y abrir nuevos horizontes: "transgredían los límites de espacios lejanos [aquí están nuevamente los espacios, el allá, lo lejano], se los apropiaban, y recibían una educación que les ayudaría a acceder a futuros empleos pero, sobre todo, que constituía una educación para la vida, para adquirir más posibilidades, más palabras con las cuales reivindicar sus derechos como ciudadanas". Los textos leídos también fueron excelentes apoyos para que muchas cosas circularan en el grupo.

Durante más de treinta y cinco años, Sarah Hirschman ha ofrecido estos espacios de diálogo en Estados Unidos, Francia, Colombia, Argentina y otros países de América

---

[33] Como lo destaca Patricia Carballal Miñan, quien me dio a conocer el libro de Hirschman.

Latina. Implementó un "arte de la pregunta", al buscar en los textos de los grandes autores fragmentos, imágenes, palabras que facilitaran la apropiación, la conexión con la experiencia vivida, la imaginación, para que cada uno pudiera poner a disposición del grupo su universo de experiencias personales. Y observó cómo "sucedía mucho más de lo previsto", de lo esperado.

Sin que la mayoría conociera el trabajo de esta mujer, los mediadores culturales que conocí en contextos críticos muy a menudo hacían observaciones parecidas en los talleres culturales que dirigían. Como por ejemplo, en Argentina, la psicóloga educativa Silvia Schlemenson que trabajó con mujeres en situación de extrema pobreza.[34] Las reunió con una narradora profesional que les dio oportunidad de encontrar canciones, leyendas y cuentos olvidados de su infancia, e inventar otros con disfrute, pero también recordar sus miedos infantiles, las relaciones que las unían a sus seres queridos. Pudieron relatar las situaciones felices o dolorosas que vivieron con sus bebés. Y poco a poco tener intercambios afectivos y simbólicos más ricos con ellos.

La cultura, sueño cotidiano de la humanidad

"Un niño antes de hablar, canta. Antes de saber escribir, dibuja. En cuanto se pone de pie, baila. El arte es la base de la expresión humana."[35] Estas frases que han estado circulando en las redes sociales serían de una actriz, Phylicia Rashād.

---

[34] Silvia Schlemenson (dir.), *El placer de criar, la riqueza de pensar, op. cit.*
[35] *Before a child talks, they sing. Before they write they draw. As soon as they stand, they dance. Art is fundamental to human expression.*

No sé si están bien atribuidas, pero la observación es hermosa y es certera. Un niño antes de hablar, canta, esto es lo que constantemente nos han recordado psicolingüistas como Evelio Cabrejo Parra: en todas las culturas, primero aprendemos la música de la lengua, su prosodia, que no se enseña sino que se transmite. En el devenir del pequeño humano, la palabra vale ante todo por sus modulaciones, su ritmo, su canto, desde la gestación. Antes de ser sensible a las sílabas, el niño por nacer es sensible a la melodía de la voz.

Como ya vimos, lo poco que sabemos sobre el origen del lenguaje incluso nos incita a pensar que antes el lenguaje era canto, era lo cantado. Y Jean-Christophe Bailly habla de una "dimensión fundamental del lenguaje, que no es sólo de comunicación o de designación, sino que es la de un canto, es decir, de un acompañamiento del mundo".[36]

Bailly también dice que "hay un residuo de la danza en cada gesto".[37] Así que al principio era el canto, al principio era el baile, y como decía Pina Bausch: "Baila, baila, si no, estamos perdidos". Bailen, canten, cuenten historias, lean, dibujen, lo que quieran, y todo eso a la vez, si quieren. Por supuesto, ciertos pueblos, ciertas categorías sociales, ciertos individuos están más apegados a tal o cual práctica cultural, pero los seres humanos necesitan una dimensión poética, narrativa, ficcional, no para "elevar el espíritu", sino para soñar el mundo, para habitarlo. Para armonizarse de vez en cuando, aunque sea un poco, en el sentido musical del término, con lo que los rodea.

[36] *L'Élargissement du poème* (*El ensanchamiento del poema*), París, Christian Bourgois, 2015, p. 199.
[37] *Passer définir connecter infinir* (*Pasar, definir, conectar, crear infinito*), París, Argol, 2014, p. 109.

Empecé evocando la Amazonía devastada y me vienen a la mente las palabras de Davi Kopenawa, aquel chamán yanomami que decía: "Los blancos destruyen la selva porque no pueden soñar. Si los blancos pudieran, como nosotros, oír otras palabras que las de la mercancía, sabrían ser generosos y menos hostiles con nosotros".[38] También me vienen a la mente otras palabras, las de un anciano del pueblo Wurundjeri en Australia, sobre el río Murray devastado por la industrialización:

> Uno de estos días los agricultores se verán obligados a reconocer que la destrucción del río nos penaliza a todos. Pero ¿cómo decírselo? Es una mentalidad. Si ven llegar un gran flujo de agua del río, inmediatamente se preguntan cuánto drenar, qué beneficio obtener. En lugar de pensar: ¡ha pasado tanto tiempo!, y sentarse a mirarlo.[39]

Atacar el Amazonas —que debe su nombre a las míticas guerreras de la Antigüedad—, atacar los ríos o el cielo estrellado queriendo enviar allí satélites publicitarios, atacar la literatura, el arte, es también querer aniquilar los sueños, controlarlos. Es querer destruir toda forma de allá. Si esta información nos hace sufrir, no es sólo porque sabemos que con la deforestación se amenaza la vida de pueblos enteros y, de paso, la nuestra. Es también porque caminan sobre nuestros sueños, para hablar como Yeats, y sobre esos otros

---

[38] Davi Kopenawa y Bruce Albert, *La Chute du ciel. Paroles d'un chaman yanomami* (*La caída del cielo. Palabras de un chamán yanomami*), París, Plon, Terre humaine, 2010.

[39] Citado por Emmelene Landon, en *La Baie de la rencontre*, París, Gallimard, pp. 86-87.

lugares de más allá que tanto necesitamos. Porque gustosamente seguiría a Alessandro Pignocchi cuando dice:

> Es una aseveración empírica gratuita que hay que verificar, pero creo que todos los pueblos del mundo se han representado un allá, a su manera, según su cosmología. Y creo que ésa es una necesidad básica del espíritu humano: saber que existe la posibilidad de extraerse. Una vez más, subestimamos en mucho los males causados por esa desaparición de cualquier forma de allá, de otra existencia. El más espectacular de ellos, pero que está lejos de ser el único, es la aparición del Estado Islámico.[40]

Esto muestra lo importante que es proteger los momentos de compartir lo poético, para mantener vivos los sueños. El sociólogo brasileño António Cândido nos recordó que no hay persona ni ser humano que pueda vivir, en el día a día, sin una dimensión poética, ficcional o dramática. Para él era algo que tenía que volver como un *ritmo* vital, una puntuación. Y comparaba la literatura con los sueños: "Como todo el mundo sueña todas las noches, nadie es capaz de pasar veinticuatro horas sin momentos en los que se entrega a un universo fabuloso. El sueño garantiza la indispensable presencia de ese universo mientras se duerme, independientemente de nuestra voluntad. Y durante la víspera, la creación ficcional o poética, que es el motor de la literatura cualquiera que sea su nivel y sus modalidades, está presente

---

[40] Entrevista con Alessandro Pignocchi en *L'Autre quotidien*, 17/3/2018. https://www.lautrequotidien.fr/articles/2018/3/17/le-rensauvage ment-contre-point-radical-notre-monde-unifi-un-entretien-avec-ales sandro-pignocchi

en cada uno de nosotros, analfabetos o eruditos, en forma de anécdotas, aventuras, historietas, novelas policiacas, canciones populares…".[41]

Por lo tanto, la literatura, entendida en sentido amplio, correspondía según él a "una necesidad universal que debe ser satisfecha, y cuya satisfacción constituye un derecho".

Sí, hay algo allí que necesitamos todos los días, así como necesitamos los sueños. Sabemos que es más cruel privar a alguien del sueño que de la comida. Noche tras noche, tenemos que dormir y soñar, aunque no recordemos nada por la mañana. Grandes psicoanalistas han incluso visto en el sueño una fuente desconocida del pensamiento. Pero para ellos, esta actividad de soñar, esencial al pensamiento, no es sólo nocturna, también es diurna. Siguiéndolos, Leopoldo Nosek dice que las construcciones estéticas y culturales son el sueño *cotidiano* de la humanidad y que su ausencia nos destruye. La cultura en el sentido amplio del término tiene, dice, "la función del sueño que nos humaniza, y llena de significado y sentido nuestra vida". Sin embargo, allí donde el sueño es una creación que sólo tiene sentido para cada individuo, si éste lo descifra —al menos en nuestras sociedades—, la obra literaria, la obra de arte es singular pero compartible.

Siempre y cuando alguien haya sabido hacer que su apropiación sea deseable mediante todo un arte.

---

[41]   En portugués: *O direito a literatura*. https://edisciplinas.usp.br/pluginfi le.php/4208284/mod_resource/content/1/antonio-candido-o-direi to-a-leitura.pdf. En español: *El derecho a la literatura*, Bogotá, Asolectura, 2013.

La biblioteca como jardín

> Fuera del jardín, se le pide a la sociedad humana que suspenda un sueño para defender una posición social, o simplemente para existir. Dentro del jardín se desvanece el acoso existencial, ya no se trata de saber adónde ir y según qué orden de conveniencia orientar los gestos o la mirada, ya no se trata de un modo de ajuste a una supuesta modernidad; no hay necesidad de impresionar a las aves con algún desempeño en un espíritu gerencial de competitividad; en el jardín, basta con ser y eso requiere silencio.[1]
>
> GILLES CLÉMENT

"MÁS QUE UN ESPACIO para cultivar el futuro, la biblioteca es un jardín para disfrutar el presente." Esta frase de Daniel Goldin me trajo un recuerdo, el de una pequeña biblioteca que me encantó, en Bogotá, Colombia, cuando tenía trece o catorce años. Sus ventanales daban a patios, había flores tropicales en medio de los libros. Sentada en el suelo, hojeaba las colecciones de la revista *National Geographic*, deslumbrada por las fotografías que me presentaban un mundo natural desconocido y fascinante.

Después tuve una duda: tal vez mi memoria estaba equivocada, tal vez estos patios fueran una metáfora del mundo

---

[1] *Jardins, paysage et génie naturel* (Jardines, paisaje y genio natural), lección inaugural pronunciada el 1/12/2011, Collège de France. https://books.openedition.org/cdf/510

interior apacible de quienes estaban en este lugar, durante el tiempo de su estancia entre los libros. Porque cuando regiones enteras del país, del mundo en que vivimos están en guerra, la biblioteca es para todos el jardín interior preservado.

Al escuchar a personas de todas las edades que frecuentaban las bibliotecas, rápidamente me di cuenta de que no sólo buscaban materiales que les permitieran adaptarse mejor a las exigencias de la escuela o de su trabajo. También estaban tratando de proteger un jardín, precisamente. Lo esencial inútil, habría dicho Calaferte. O incluso un "lugar de perdición", como dijo un joven: "Una biblioteca es realmente un lugar donde te debería gustar quedarte. Es un lugar de perdición, mientras que generalmente la biblioteca es considerada ante todo como un lugar de eficiencia". Tal vez estaban buscando algo que les permitiera armonizarse, al menos de vez en cuando, con el mundo que había allí, tal como yo había sentido que estaba justo donde había que estar, frente a las selvas y las cascadas del *National Geographic*.

Las bibliotecas son jardines que se abren al allá que tanto necesitamos. Algunas son también, en la actualidad, auténticos laboratorios donde se inventan cada día nuevas formas de hacer sociedad. Sin embargo, estos experimentos son invisibles, nunca escuchamos sobre ellos más allá de los círculos especializados; y eso no es nada nuevo: lo que sucede en las bibliotecas siempre ha sido en gran medida desconocido, independientemente de las formas que hayan tomado a lo largo del tiempo. Esto podría explicarse cuando lo que estaba sucediendo allí estaba fuera del alcance de las miradas. Sin embargo, ya no es el caso.

Dos bibliotecas de la actualidad

Visitemos dos bibliotecas actuales. Vamos para empezar a París, al barrio de la Reunión, barrio popular y multicultural. La biblioteca Louise Michel[2] está abierta allí desde 2011. Es un edificio de ladrillo gris con grandes ventanales. Desde la calle, el interior es muy visible: la mirada se ve atraída por paredes rojas, malva o verde lima, muebles estéticos y cómodos, un pequeño jardín que da a la calle. Como nos cuenta la exdirectora, Hélène Certain, el arquitecto escuchó a la gente del barrio y a los bibliotecarios: "Fueron, por ejemplo, los habitantes quienes pidieron modificar el color de los ladrillos inicialmente previsto para el exterior. De igual forma, los bibliotecarios lograron que las paredes interiores de la biblioteca fueran rojas y no blancas [...]. Queríamos que pareciera una casa grande, ciertamente llena de libros, más que una institución".[3]

Desde el exterior, se ven menos los estantes, que se han apartado contra las paredes. Y uno se pregunta un poco si es un café, una sala, una casa. "Queríamos despertar la curiosidad de los transeúntes para que tuvieran ganas de abrir la puerta. Y entonces es ahí cuando nos preguntan dónde están. Hay un verdadero efecto sorpresa", comenta Blandine Aurenche, quien hace algunos años inauguró este lugar donde todos disfrutarán de una bienvenida personalizada. De vez en cuando, incluso se les ofrecerá té de menta o café.

[2] Cf. Hélène Certain, "Bibliothèque familiale et familière" (Biblioteca de familia y familiar), *Bulletin des bibliothèques de France*, n.º 2, 2013. http://bbf.enssib.fr/consulter/bbf-2013-02-0060-009

[3] Entrevista con Hélène Certain, *Lecture Jeunesse*, diciembre de 2013. http://www.lecturejeunesse.org/articles/la-bibliotheque-louise-michel-2/

Se trata de una biblioteca de barrio, de unos 750 m², que ofrece "libros por miles, cómics, películas (y series), música, juegos, kaplas, café, jardín, tartas, terraza, bibliotecarias simpáticas, algo para tejer, dibujar, crear, reírse... y un *tutotek* donde las personas pueden publicar videos para compartir sus talentos con otros usuarios".[4] Es posible descubrir un CD y videojuegos, tomar prestados lectores electrónicos. Y luego reunirse allí sólo para charlar, beber, comer, jugar al ajedrez, vivir. Participar en debates de café, clubes de lectura, talleres de cocina o tejido, veladas de suspenso, juegos de rol, conciertos de canciones italianas o griegas, búsquedas del tesoro para explorar el vecindario. A veces bailar. Las actividades se renuevan constantemente, especialmente porque se invita a los visitantes a ofrecerlas. Algunos de ellos cuidan el jardín, con los niños. Pero si necesita silencio, se le reserva una habitación en el piso de arriba donde podrá ser ayudado, si lo desea, con sus tareas o sus investigaciones.

Obsérvese también que se les da un lugar importante a los niños pequeños y sus padres, en torno a dos grandes alfombras, frente al jardín, con tumbonas para bebés, un cambiador de pañales, un calentador de biberones, un local para carriolas. Desde la apertura, se ofrecieron regularmente tiempos para leer en voz alta porque Blandine Aurenche tuvo una gran influencia de la asociación ACCES que, durante cuarenta años, ha puesto libros a disposición de los niños pequeños y su entorno en ámbitos económicamente desfavorecidos, dando prioridad a las lecturas individuales en un pequeño grupo.

---

[4]   *Bibliomix*, 23/1/2017. http://bibliomix.etrangeordinaire.fr/index.php/2017/01/23/la-tutotek-de-louise-michel/

"La atención al público ha estado en el centro del proyecto desde el principio", dice Hélène Certain. "Le dedicamos 60 por ciento de nuestro tiempo. Esto nos permite estar disponibles y tomarnos el tiempo, reconocemos a las personas…" En los últimos años, se ha prestado especial atención a la acogida de refugiados, en particular de menores no acompañados. La biblioteca ofrece lecciones de francés y talleres de conversación, ayuda para la traducción de documentos administrativos, pero también días de fiesta y de solidaridad, la creación de murales o retratos en palabras e imágenes, con ilustradores.

Sobre esta biblioteca, una mujer dijo: "A una le gustaría vivir allí". No es la única, y los profesionistas, que atienden a quinientas cincuenta personas al día, son un poco víctimas de su éxito. Cansados pero felices. Sin embargo, a veces tienen que lidiar con la agresión, como cuando una lectura de cuentos por *drag queens* les valió sórdidos ataques de grupos de extrema derecha.

Este lugar fue soñado, pensado, por alguien, Blandine Aurenche, que era bibliotecaria de larga trayectoria y había observado, escuchado y pensado mucho a lo largo de los años. Para implementar la biblioteca, visitó una serie de lugares que permitían tanto la convivencia como la intimidad: librerías, cafés, vestíbulos de hoteles. Dejó que este proyecto creciera en ella como una mujer sueña con el niño que vendrá, como un hombre también puede soñarlo, a ese niño, para imaginar su camino por el mundo.

Como prueba, mi segundo ejemplo es el de la Biblioteca Vasconcelos en la Ciudad de México. Allí cambiamos de tamaño: un edificio de 275 metros de largo y seis pisos. En el centro, suspendido, hay nada menos que un esqueleto de ballena decorado. Aquí también hay un jardín, pero éste tiene 26,000 m^2. Durante años la biblioteca había sido una bella durmiente que había conocido a seis directores en siete años; había muchos problemas. Luego se nombró un nuevo director, Daniel Goldin, en 2013, y supo hacerlo con arte, delicadeza y hospitalidad. Durante mucho tiempo había sido editor de hermosos libros para niños, además de publicar ensayos e investigaciones sobre la lectura. Dice que se había estado preparando para esta responsabilidad durante veinte años. Veinte años... y una mirada nueva, atenta al público y dispuesta a repensar toda la cuestión a partir de lo aprendido en las investigaciones sobre bibliotecas y lecturas que había publicado, o más ampliamente en el ejercicio de su labor de editor. Por ejemplo, al lanzar libros infantiles, había pensado mucho en la hospitalidad. Es, dice, "el arte de hacer sentir al otro, al extranjero, en casa cuando no está en su casa". También afirma que "la hospitalidad tiene que ver con el diálogo, con esa capacidad que tú tienes de construir con el otro un espacio".[5]

Al llegar a la Vasconcelos, comenzó por observar y escuchar a los demás. Durante las primeras semanas se paseaba todos los días por la biblioteca con su cámara, lo que le obligaba a grabar, a mirar mejor, a observar, a anotar, y conversaba con los que estaban allí. A veces me escribía para contarme sus descubrimientos:

[5] Entrevista por Pablo Espinosa, Fundación La Fuente, 11/1/2013. http://www.fundacionlafuente.cl/daniel-goldin-editor-de-oceano-travesia/

El sábado tuve como catorce entrevistas con usuarios de la biblioteca, charlas informales, chicos, jóvenes y ancianos, hombres, mujeres. Ninguno habita cerca, son todos asiduos, vienen por la paz, porque les gusta estar, a cosas tan diferentes... No dejo de sorprenderme, es tan alejado de lo que escucho de los funcionarios que hablan sobre la agenda del libro y las bibliotecas, es tan importante: permite comprender el habitar...

Y aporta un ejemplo:

Vi a chicos que acuden a preparar sus coreografías en los patios. Llegan hasta nuestra biblioteca por la sencilla razón que se pueden ver reflejados en sus vidrios y poner su música y nadie los molesta. Kalach [el arquitecto] muy contento de haber puesto esos vidrios. Sin imaginar que servirían para eso.

Goldin dijo que había "conocido también a un misterioso grupo de vendedores de café que después de su jornada se reúnen a hablar en la biblioteca". Entonces, les propuso "crear un ágora de debate sobre el café usando los libros del centro que hablan de las cosas del café".[6] Descubrió a un grupo de jóvenes que venían a buscar dibujos en libros que los inspiraran para tatuarse. O un transgénero que usa la biblioteca como refugio porque perdió su trabajo en un *call center* y es cinéfilo. Algunas de las docenas de historias que escuchó, de esa "extraordinaria diversidad que convive bajo la protección

---

6   Pablo de Llano, "Punks, canciones coreanas, astrónomos y demás en la Biblioteca Vasconcelos del DF", *El País*, 27/4/2013. http://cultura.el pais.com/cultura/2013/04/27/actualidad/1367023181_182441.html

del libro, lean o no". Me comentó: "Esto es oro, y es tan fácil hacerlo brillar, lo que más me conmueve es cómo de pronto la gente descubre que su propia vida tiene sentido, que tienen valor. Que no son público sino actores".

Todos tienen una historia que contar

Al poco tiempo de su llegada, diseñó un evento para lanzar un modelo de biblioteca capaz de hacer que las personas fueran más actores en sus vidas. Para celebrar lo que en México se llama el Día del Niño, quiso que la Vasconcelos fuera el lugar de múltiples "minieventos":

> [...] actividades culturales y científicas que tutelarían muchos *regaladores*: autores famosos (y otros desconocidos), poetas laureados (y algunos incomprendidos), científicos (sociales y duros), actores, directores y fotógrafos, músicos (clásicos, de rock, mariachi, huastecos y orientales: intérpretes y compositores), entomólogos y biólogos marinos, jardineros y ecologistas, historiadores y testigos de la historia, ciegos, sordos y videntes. También deportistas atléticos y flojos redomados, cocineros y comedores compulsivos, brujos, magos y muchos más.

Unas quinientas a seiscientas personas repartidas por la biblioteca y el jardín dieron a pequeños grupos de niños una experiencia cultural, de cinco a quince minutos, basada en algo que era importante para ellos, con el fin de crear curiosidad.

Después Goldin puso en marcha, con Ramón Salaberria, la "biblioteca humana", también basada en la idea de que todo el mundo tiene algo que ofrecer, una historia que contar.[7] Se inspiró en lo que se había hecho durante años en Escandinavia o en Toronto, Canadá, donde podías "tomar prestado" a alguien para que te contara su vida como inmigrante, su experiencia como monje budista, periodista o abuela activista. Es una propuesta que se puede replicar en casi cualquier lugar y no requiere ningún equipo especial. En la Vasconcelos, la biblioteca humana arrancó con motivo de la Semana de la Igualdad de Género. Por ejemplo, pudimos hablar ahí con una mujer de etnia mixe que cría sola a sus hijos, con un padre homosexual, etcétera. Y como dice Ramón Salaberria, "facilitar el diálogo entre personas que tienen pocas oportunidades de encontrarse en otra parte contribuye a luchar contra los prejuicios que cada uno trae en su mochila".

Otras bibliotecas humanas se han dedicado a la violencia contra la mujer, los terremotos o las lenguas maternas. Todas las oportunidades para celebrar la diversidad, no como eslogan, sino en la práctica. Para descubrir que la realidad es mucho más amplia de lo que parece. Leer el país y la gente de otra manera.

La Vasconcelos se convirtió rápidamente en un lugar "inclusivo", abierto a todos, independientemente de su origen, género, discapacidad u orientación sexual. "No sé muy bien por qué la biblioteca se convirtió en un lugar *gay friendly*", dice Goldin. "No sólo se debe a lo que hemos hecho nosotros. Veo constantemente a parejas de hombres

---

[7] Cf. *Biblioteca humana en la Vasconcelos*, 2014. https://www.youtube.com/watch?v=AJjqW2N1r_I

y de mujeres que se besan y muchos no saben nada de nuestros programas sobre cuestiones de género [...]. A veces me han criticado; un señor me dijo que cualquier día vendría alguien armado con una pistola a matar gays." No parece que la idea lo emocionara mucho, pero añadió: "Más que de sí somos o no *gay friendly* habría que empezar por hablar de la violencia contra las mujeres. Ahí comienza el *otro*. Y ahí hemos hecho mucho. La idea no es la de dedicarle una semana especial de vez en cuando, sino la de algo cotidiano". Algo que también significa explorar otras formas de masculinidad, otras formas de comportarse cuando se es hombre, fuera del machismo y la violencia, especialmente en los talleres *De machos a hombres*. No sin despertar reacciones hostiles en la web, como podemos imaginar.

No puedo detallar las muchas actividades gratuitas que se realizaron en la Vasconcelos: lectura en voz alta de la *Odisea*, café científico, taller de fotografía, de dibujo o de escritura autobiográfica ("Mi vida es una novela"), cuentos de barrio, sala de música, lenguaje de señas, tejido colectivo de mantas para las personas sin hogar de los alrededores, etcétera. Sólo señalo la importancia que se da, como en la Biblioteca Louise Michel, a los bebés, con un programa muy amplio de atención a la primera infancia y un diploma otorgado a partir de los nueve meses. La atención también a leer el mundo, como en estas veladas de "Cómo leer..." donde lo que se aprende a leer es un soneto, un haiku, un aforismo, la danza clásica de la India... pero también un manga, un árbol, el racismo, un partido de futbol, un rostro, una tela, la leche materna, mil objetos.

Y la atención al jardín, que inspiraba mucho a Daniel para futuros proyectos: "Me sugiere que a cada grupo que venga le demos semillas del jardín. Podemos crear una zona verde en cada escuela del Programa Escuela Amiga".

Lo más notable es cómo todo se unió en tiempos de austeridad presupuestal, ya que Goldin rápidamente se dio cuenta de que tenía dos opciones: pasar su tiempo lamentándose porque las asignaciones prometidas nunca llegaban, o "indagar las inmensas posibilidades de la pobreza", como explicó de una manera algo provocativa. Por poner tan sólo un ejemplo, sugirió que los alumnos del Conservatorio de Música vinieran a hacer sus ensayos en la sala, varias veces al mes. Para el placer de todos: espectadores, bibliotecarios y de los jóvenes músicos, felices de tocar en público. Así fue como una multiplicidad de personas descubrieron que tenían talentos que podían compartir. Y en esta biblioteca se inventaron nuevas formas de convivencia donde todos y todas tuvieron más voz y donde las relaciones entre los seres humanos, pero también entre los seres humanos y el mundo que les rodea, se apaciguaron un poco. Lo cual, en esta época de gran brutalidad, es bastante notable.

Los resultados se hicieron rápidamente impresionantes: en seis meses, el número de visitantes aumentó 40 por ciento; los préstamos en salas aumentaron 50 por ciento; las actividades culturales aumentaron 256 por ciento. La Vasconcelos se convirtió en el lugar cultural más visitado de México después de las pirámides de Teotihuacan y el Museo Nacional de Antropología. Y Goldin tenía una preocupación: "Pensar después de mí en qué quedará, en que no dependa de mi presencia. En crear un equipo y una cultura".

Por desgracia, no fue suficiente que creara un equipo, porque una gran parte de él fue despedido en el momento del cambio de gobierno. En cuanto a Goldin, fue tratado

tan groseramente que tuvo que renunciar...[8] De forma tan
escandalosa que escritores, investigadores, artistas, pero
también usuarios de la biblioteca gritaron su indignación
en los medios de comunicación y en las redes sociales. Durante mucho tiempo pensé que la ventaja de las instituciones públicas sobre las iniciativas privadas o asociativas era
que garantizaban la continuidad. Éste no es el caso cuando
el nepotismo y el clientelismo tienen prioridad sobre el sentido del servicio público.

Esperemos que a partir de estos años quede, como él
dice, "una cultura".

Ser coautores de lo que se propone

Ésta, como vimos, se basaba, en gran medida, en la escucha.
Goldin, nuevamente:

> Durante muchos años, los hombres del libro hemos esta-
> do preocupados por transmitir lo que sabemos. Por decir,
> escribir y enseñar. Ingenuamente suponíamos que lo que
> decíamos, hacíamos, escribíamos les daría forma a los otros
> y a lo otro. Y que eso haría un mundo mejor para todos.
>
> Hoy sabemos que eso no sucede. Sabemos que escribir
> es sólo brindarle a otro la posibilidad de ser otro. De que
> algunas palabras germinen en su interior y lo hagan ver
> al mundo de una manera diferente, y tal vez descubrirse

---

[8]   Véase en particular Alejandro Katz, "Mi amigo Daniel", *Letras Libres*,
7/2/2019. https://www.letraslibres.com/mexico/cultura/mi-amigo-d
aniel; y Mauricio Merino, "Marx contra Goldin: el triunfo del aparato",
El Universal, 4/2/2019. https://www.eluniversal.com.mx/articulo/mau
ricio-merino/nacion/marx-contra-goldin-el-triunfo-del-aparato

diferente. Que le brinden una oportunidad de ser otro y, sobre todo, aire, aliento, para habitar el mundo y sentirse parte de él.

Eso supone escuchar y escucharse. A veces tengo la impresión de que infinidad de personas —lectoras o no— pudieron haber vivido toda su vida sin ser jamás escuchadas. Y eso me da una terrible vergüenza y me da terror.[9]

De hecho, es una gran inversión de perspectiva lo que está en juego. Y lo que se despliega es un verdadero arte de hacer las cosas, a diferentes escalas, en las dos bibliotecas mencionadas. Un arte que es ante todo el de la atención y la escucha. De la hospitalidad. De la invención, del hallazgo afortunado.

"La biblioteca es una caja de sorpresas", dice Goldin, y es una de las mejores definiciones que he escuchado[10]. En Vasconcelos, la mediación cultural fue durante unos años el arte de crear hermosas sorpresas, siempre renovadas, encuentros inesperados que despertaban el deseo, la ensoñación, el pensamiento, "las posibilidades dormidas en la comunidad y en los individuos" (Goldin, nuevamente, agrega: "Es como si de pronto en el desierto se instalara

[9] "Conversación entre Daniel Goldin Halfon, Michèle Petit y Evelyn Arizpe", *Poverty and Riches in Children's Literature and the Promotion of Reading: Taking paths back and forth between Latin America and the "First World"*, IRSCL Congress 2017, "Possible & Impossible Children: Intersections of Children's Literature & Childhood Studies" Keele Campus, York University, Toronto (Canadá).

[10] Daniel Goldin y Muriel Amar, "La bibliothèque publique, un lieu de l''écoute radicale'" (La biblioteca pública, un lugar para la "escucha radical"), en Christophe Evans (dir.), *L'Expérience sensible des bibliothèques*, Éditions de la Bibliothèque publique d'information, 2020. https:// books.openedition.org/bibpompidou/2429

un espacio para descubrir un pozo de agua, y floreciera un jardín inesperado".)

¿Qué se puede esperar de una biblioteca? Quizás antes que nada que aporte este espacio, este lugar ordenado, tranquilo, donde uno está en compañía de otros sin siquiera conocerlos y donde uno siente la presencia de esos libros que "llevan más alto y más lejos que el simple aquí y ahora de las necesidades", como dijo Laurence Devillairs. También podemos esperar que las bibliotecas ofrezcan lo inesperado. Una obra diferente de la que vinimos a buscar, la sonrisa de un bibliotecario o de alguien que estudia a nuestro lado, una conversación en un taller en la que aprendes algo insospechado, una música que descubrimos, algunas líneas de un libro olvidado en una mesa, que traducen en palabras algo de uno mismo que nunca había podido decirse. Y que hacen a uno levantar la vista del libro y mirar el mundo que lo rodea de manera diferente.

Por supuesto, no todas las bibliotecas son como las dos que he usado de ejemplo. Se han suscitado muchos debates dentro de la profesión, a veces oponiendo a los partidarios de la biblioteca del "tercer lugar" (este lugar distinto del hogar y el trabajo, donde uno puede reunirse, discutir, relajarse) y los partidarios de un enfoque más tradicional. Michel Melot recordó que no todos tenían por qué fundirse en el mismo modelo. Pero en un momento en que se deben replantear las misiones de estas instalaciones, sería necesario poder despertar en cada bibliotecario, en cada lugar, el gusto por cultivar la observación, la curiosidad, la escucha y el poder de soñar, de crear, de imaginar.

En la biblioteca Louise Michel, como en la Vasconcelos, hay una relación diferente con el "público". A menudo he subrayado la importancia de la hospitalidad de los bibliotecarios, de una atención cálida y delicada, de la disponibilidad, especialmente con personas inicialmente distantes de la cultura escrita y de las instalaciones culturales. Pero hoy en día esta calidad de acogida ya no es suficiente. Según Goldin, es hora de preguntarse "qué saben los que no saben", de dar voz al conocimiento oculto: "Una biblioteca no debe ser sólo un espacio donde se almacene el conocimiento y se ponga a disposición del público, sino también un lugar para reconocer la multiplicidad de los saberes". Como muchos otros, como Blandine Aurenche y Hélène Certain, sintió que ahora las personas tenían que ser coautoras de lo que se proponía, productoras de contenido. Eso toma muchas formas, en distintos lugares. Así, en las bibliotecas de Helsinki, uno puede tomar prestados instrumentos, grabar su música en un estudio de grabación y dejarla en un estante para que otros puedan escucharla. En Brasil, en el Centro Cultural Kaffehuset Friele, en Minas Gerais, hubo "rondas de prosa" que permitían a los habitantes contar, éste una leyenda, este otro una historia de su invención, un tercero, un recuerdo. Se descubrieron como narradores, portadores de una cultura, sujetos capaces de transformar su realidad. A través de esto, se redescubrieron tradiciones o fiestas que habían sido olvidadas y se forjaron lazos dentro del grupo. En el mismo país, en São Bernardo do Campo, los habitantes registraron sus recuerdos en las "estaciones de memoria" de las bibliotecas escolares.

Luego éstas podían ser consultadas igual que los bienes culturales "universales".

Nótese al respecto la especial vocación de las bibliotecas por recoger y conservar la memoria, especialmente en países que han vivido tragedias. Pienso nuevamente en México, donde Goldin me dijo: "Tal vez organicemos unas jornadas sobre 'Recordar, Reconstruir, Reconciliar' con un colectivo que trabaja en Tijuana", cerca de la frontera con Estados Unidos, un lugar de múltiples tragedias.

Prácticas cruzadas

Por mucho tiempo lugares de silencio, las bibliotecas, municipales, a veces escolares, o comunitarias, informales, se han convertido así, en casi todas partes, en espacios que acogen múltiples formas de oralidad, para las que quizá tienen una singular vocación: ¿no son el lugar de las miles de voces que están ahí, presentes en libros que han sido escritos desde la voz interior de un autor, esa voz que cada lector hace vivir cuando lee?

Goldin habla del "círculo virtuoso entre la oralidad, la lectura y la escritura". De hecho, la lectura en voz alta, o la narración oral, son caminos reales hacia la lectura. Sin embargo, la lectura revive el habla, hace conversar a padres e hijos, o a niños o adolescentes entre sí. Leer o escuchar leer también puede dar origen a la escritura, como vemos en los talleres en los que empezamos leyendo un texto, un fragmento, unas frases, antes de que cada uno empiece a componer su propio texto.

Las bibliotecas pueden ser el lugar por excelencia para multiplicar los pasajes entre lo oral y lo escrito, pero también entre la literatura y las artes, las artes y las ciencias, las obras clásicas y las creaciones contemporáneas, lo impreso y las pantallas. Escuchemos a Violaine Kanmacher, jefa del departamento infantil y juvenil de la Biblioteca Municipal de Lyon Part-Dieu: "Nos ocupamos de los libros, pero también de eventos relacionados con la vida cultural para los niños y sus familias". Ella le ha dado prioridad a la atención de las necesidades de los usuarios y a múltiples colaboraciones, a actividades que crean una resonancia entre sí, encuentros, exposiciones, proyecciones, conciertos, talleres... Los espacios se han hecho acogedores porque "la biblioteca no es sólo un lugar de paso. Es un lugar agradable donde es posible compartir".[11]

Coordinó eventos que dieron paso a la creación contemporánea y las artes digitales, el diseño, el *street art*, la ilustración; y pidió a los artistas que configuraran, en interacción con el público, una ciudad imaginaria donde cada uno pudiera trazar su propio camino: "La exposición está pensada para una nueva generación que quiere ser sorprendida, que no quiere ser una oveja siguiendo un camino preimaginado para ella. [...] Queremos centrarnos en la experiencia y las emociones, para mostrar que el arte se vive con todo el cuerpo".[12]

Configurar una ciudad imaginaria en la que cada uno pueda trazar su propio camino: más allá de esta exposición, esto es también lo que hoy opera en muchas bibliotecas, o al

---

[11] *Séminaire sur le développement de la lecture des jeunes (Seminario sobre el desarrollo de la lectura en los jóvenes), op. cit.*, p. 9. Véase también su artículo "Enfants et jeunes en bibliothèque" ("Niños y jóvenes en la biblioteca"), *BBF*, 58, 2, 2013, http://bbf.enssib.fr/consulter/bbf-2013-02-0087-001

[12] Entrevista publicada en *Libé-Lyon*, 3/4/2013.

menos podría operar. Tienen la especial vocación de hacer más habitable el espacio que les rodea. Porque la biblioteca o la mediateca pueden estar en el centro de esa transmisión cultural de la que muchas personas carecen hoy en día. Ya lo están, a veces, si pensamos por ejemplo en esos espacios en los que, en casi todas partes, los niños pequeños son acogidos con sus familias. O en lo que le dijo una mujer en la Biblioteca Vasconcelos a otra que allí leía:

> La lectura en voz alta es como el círculo de la comunidad. Como un diálogo con los ancestros. A mí me recuerda al *temazcal* [estas "casas de baños" donde hombres y mujeres transpiran cantando o haciendo silencio para purificar su cuerpo o mejorar su salud]. Está cada uno en su proceso, en lo suyo, pero a la vez reunidos alrededor de algo en común.

Pensemos también en esas rondas de prosa en Brasil que mencioné anteriormente, donde las personas redescubren prácticas culturales que habían olvidado.

La biblioteca —lugar de las narrativas que discurren en estas rondas o en las "bibliotecas humanas", y de los miles de relatos recogidos en libros o películas— puede ser un espacio privilegiado para construir esas ciudades imaginarias, invisibles, que completan la ciudad material, la dotan de profundidad y la hacen habitable. Esas ciudades o esos campos, obviamente.

En términos más generales, muchos bibliotecarios están reflexionando actualmente sobre formas de contribuir a una cultura de hospitalidad, de atención, de paz, en un momento en que casi en todas partes el miedo del otro está tan presente y el odio nunca está lejos. Consideremos lo que está sucediendo en Colombia. Se está desarrollando ahí un proceso de paz —con frecuentes interrupciones— tras más de cincuenta años de un conflicto armado en el que fueron desplazados alrededor de ocho millones de personas (es el país con mayor número de desplazados en el mundo). En este país los bibliotecarios inventan para apoyar la reconciliación, crear un clima de diálogo, promover intercambios, conversaciones que se diferencien de los debates en los que se choca y que oponen a entidades cerradas e inalterables.

Por ejemplo, se ha abierto una biblioteca dedicada a la paz para que la población tenga acceso a todo tipo de información sobre experimentos realizados en todo el país para construir la convivencia. Otro ejemplo, dieciocho bibliotecas en trece ciudades se ofrecieron a decir "adiós a la guerra" durante unas jornadas de reflexión. La directora de la Biblioteca Nacional comentó entonces: "Queremos ofrecer la oportunidad para que, a través de textos literarios y poéticos, imaginemos un porvenir para el país que no esté determinado por la violencia, la muerte y el odio". En Medellín conocí a Gloria Nupán, de una comunidad indígena del Putumayo, en la Amazonía: en esta región muy afectada por el conflicto, rica en riquezas petroleras y mineras (y donde se cultiva coca), ella dirige una de estas Bibliotecas para la Paz implantadas en las regiones más conflictivas, y logra crear un diálogo en torno a un libro entre exguerrilleros, soldados, paramilitares, policías, que no hace mucho tiempo sólo se querían matar entre sí. También conocí a Pilar Lozano. Ella observa que las Bibliotecas para la Paz creadas en los últimos años han cambiado la percepción de los lugares que habían sido estigmatizados como resultado de la guerra. "Leernos para entendernos: escuchar a las personas, el territorio y la historia." Y recuerda el día en que el helicóptero que había traído los libros salió de vuelta cargado con las armas que los habitantes habían renunciado a usar.

La casa del pensamiento

El psicolingüista Evelio Cabrejo Parra dice que la biblioteca es la casa del pensamiento, y con gusto lo secundaría. Cuando era director de la Vasconcelos, Daniel Goldin me escribió: "Un chico que camina dos horas para llegar a la biblioteca dijo que él no iba a buscar libros ni información, sino a pensar". No es el único, ni mucho menos. Teresa López Avedoy escribió una tesis sobre la Biblioteca Vasconcelos para la que realizó numerosas entrevistas a usuarios (inscritos o no), en las que preguntaba en concreto qué actividades habían realizado el día de la entrevista: "Pensar y reflexionar fueron las actividades más mencionadas después de la consulta de libros". Más exactamente, 63 por ciento de ellos había consultado libros; 41 por ciento había pensado, reflexionado; la misma proporción había estudiado; 39 por ciento había usado internet. También se debe señalar que 35 por ciento luego salió a pasear, 31 por ciento descansó, 30 por ciento se informó. Hacer la tarea, reunirse con amigos o pedir libros prestados, vienen solamente a continuación, seguidos de todo tipo de otras actividades. Las proporciones son muy cercanas para los no inscritos.[13]

---

[13] *Del lugar público al espacio íntimo: imágenes y experiencias en el espacio público. La Biblioteca Vasconcelos como caso de estudio*, tesis de doctorado en

Sobre el tema de la biblioteca como lugar de pensamiento, Goldin sugiere una pista cuya importancia rara vez se señala: "Me pregunto sobre la importancia de ese espacio donde también está permitido dormir. Una de las funciones primarias de la lectura es facilitar el tránsito al sueño, sin el cual no hay posibilidades de pensamiento ni creación". Mientras leía estas líneas, recordaba las bibliotecas universitarias de Singapur, Hong Kong o Taiwán donde había trabajado a menudo en la década de 1980 y donde me sorprendía mucho encontrar, todos los días, que muchos estudiantes hacían siestas frecuentes. En las bibliotecas del sureste asiático, sin embargo, me encontraba en estos "nuevos países industrializados" donde supuestamente se valoraba la "utilidad" y la productividad por encima de todo. Pero al menos se preservaba el espacio del sueño. Y, por tanto, el del pensamiento.

Después de todo, ¿qué es el pensamiento? Si tratamos de representar este proceso con una imagen, para mí ciertamente no es el *Pensador* de Rodin, pesado, lleno de músculos y sobre todo plegado sobre sí mismo, cerrado a todo lo que lo rodea. En mi opinión, la imagen del pensamiento sería más bien la de esas mujeres y esos hombres de los cuadros de Manet, soñadores, en una playa o en un balcón. O la de Artur Avila, ese joven matemático que recibió la Medalla Fields y que dijo en una entrevista: "Trabajo mucho en mi cabeza, paseando o en la playa. Me encanta el sonido del mar [...]. Encontrar soluciones lleva tiempo. El detonante

Filosofía con especialidad en arquitectura y asuntos urbanos. Universidad Autónoma de Nuevo León, Facultad de Arquitectura, Departemento de Estudios de Postgrado, 2016, p. 48.

puede darse durante la noche, a veces ante un problema que habíamos dejado de lado […]. Hay cosas que se reúnen por casualidad…".[14]

Para representar el pensamiento tengo otra imagen, además de los soñadores de Manet, y es la del doctor House que siempre necesita de los demás, que siempre piensa en un diálogo. Como en ese episodio que sucede en un avión donde un pasajero está enfermo. Para reiniciar su capacidad de plantear un diagnóstico, de establecer vínculos, House reúne a tres pasajeros, cuya misión es servirle de equipo, aventurar alguna palabra a medias, lo suficiente para que se encienda el pensamiento.

Pensamos entre nosotros y el otro, también creamos entre nosotros y el otro, en un diálogo. Y la lectura, la cultura nos permiten estar muy habitados dentro de nosotros mismos gracias a los sueños de otros que hemos incorporado, de los que nos hemos nutrido. Leer, escribir, contemplar obras de arte, participar en un taller artístico o literario, es como caminar por la playa o pasear por un jardín. Esto permite dar rienda suelta a la ensoñación, relanzar y acoger ese pensamiento inventivo, encontrar esa conversación, ese diálogo inspirador.

Libros, bienes culturales, espacios culturales, nos acercan a esas playas, a esa noche en que las cosas se juntan, en que pensamos, sin saberlo, en que las cosas suceden a escondidas. En el contacto o la proximidad con obras literarias o artísticas, con descubrimientos científicos, también, a veces, se toca un registro de pensamiento distinto al del pensamiento racional: un pensamiento en movimiento, inventivo,

[14]   *Le Monde*, 3/9/2014.

todo hecho de conexiones inesperadas[15] que luego pueden encontrar un tránsito hasta el pensamiento consciente. Leer, escribir, contemplar obras de arte, sirve para relanzar este pensamiento inventivo. Leerle a alguien, o permitirle apropiarse de libros o de obras, es quizás ante todo darle la posibilidad de soñar, de revitalizarse. Los bibliotecarios, los mediadores culturales, son no sólo técnicos de la información, también son quienes llevan hacia esa otra región donde vivimos poéticamente y donde empiezan a gestarse pensamientos con particular viveza e inventiva. Algo más parecido al joven Artur Ávila paseando por la playa que al *Pensador* de Rodin. El sociólogo Christophe Evans observa que las bibliotecas contemporáneas, "espacios de conexión", son "apreciadas también por las posibilidades de desconexión que ofrecen". Son así "espacios de desaceleración", "un recurso importante en un momento de aceleración de los ritmos sociales y de conexión permanente".

La vida de cada uno de nosotros, pero también la ciudad, necesitan lugares apartados del bullicio y abiertos al mundo. Espacios que nos permitan "ralentizar nuestro deambular cotidiano porque eso [es] propicio para el descubrimiento, el encuentro, el diálogo, la ensoñación", como dice Pierre Franqueville, citado por Floriane de Rivaz.[16] Al encuentro de lo inesperado.

---

[15] Jean-Bertrand Pontalis, "Le rêve, à la source de la pensée" (El sueño, en el origen del pensamiento), en Murielle Gagnebin y Christine Savinel, *Starobinski en mouvement*, Seyssel, Champ Vallon, 2001, pp. 235-243.

[16] Floriane de Rivaz, *Bibliothèques et jardins : quelles alliances possibles ?* (*Bibliotecas y jardines: ¿cuáles son las alianzas posibles?*), tesis de fin de estudios para el grado de curador, Lyon, ENSSIB, 2015, nota 58. http://www.ens sib.fr/bibliotheque-numerique/documents/65107-bibliotheques-et-jardins-quelles-alliances-possibles.pdf

"Es muy difícil e innecesario separar lo útil de lo agradable"

Mientras pensaba en todo esto, la casualidad, que a veces hace bien las cosas, me hizo toparme con un libro de memorias escrito por una joven curadora, titulado: *Bibliotecas y jardines: ¿cuáles son las alianzas posibles?*[17] Según su autora, Floriane de Rivaz, "en un momento en que las bibliotecas se preguntan sobre su misión, comparar la biblioteca con un jardín permite volver a plantearse la pregunta: ¿qué es una biblioteca?". No detallaré las múltiples conexiones que establece acertadamente, recomendando la lectura de su tesis. Sólo retomo la idea de que la biblioteca, igual que el jardín, tiene que ver con el deseo de responder al caos del mundo, creando al mismo tiempo un espacio aparte, un lugar interior; que una y otro nos separan de lo que nos rodea para mirarlo mejor, habitarlo. Ambos son una llamada a un allá, algo que no vemos, invisible o interior. Ambos son lugares de esparcimiento a partir de una herencia, lugares de vida y creatividad porque son propicios para la ensoñación. Floriane de Rivaz apunta de paso que el internet es a la biblioteca lo que la selva es al jardín, y hace una serie de observaciones más, que invitan a la reflexión, como ésta: los ciudadanos sienten que hay allí "algo esencial para la salud de sociedad", que nos preserva de la irreversibilidad del paso del tiempo,[18] que protege la vida, simplemente. Escribe además: "¿Es la alegría del jardinero crear algo hermoso, producir algo útil, o simplemente trabajar con la naturaleza para hacer crecer algo? [...] Es muy difícil e innecesario

[17]   *Ibid.*
[18]   *Ibid.*, p. 42.

separar lo útil de lo agradable en el jardín".[19] Igualmente difícil, e igualmente innecesario, separar lo útil de lo
agradable en la biblioteca. Esta joven nos invita a pensar en
todas las alianzas posibles entre la una y el otro. Observa
que las bibliotecas contemporáneas a menudo hacen uso de
la presencia de elementos naturales. Y que los jardines son
lugares privilegiados para acercarse a las personas, porque
si queremos que ellas entren en la biblioteca, los bibliotecarios deben saber salir de ella.

¿Podemos imaginar una ciudad sin jardines? Me cuesta lo
mismo imaginar una ciudad sin bibliotecas. Ambos son tan
necesarios como las respiraciones en la música.[20] Sobre el
jardín, Jean-Christophe Bailly dice que es "un espacio re-
traído, destinado a producir, entre los hombres y las cosas,
y también entre los hombres mismos, una tregua".[21] Esto
podría describir adecuadamente una biblioteca. También
dice que la utopía es algo fragmentario y portátil, que se
puede realizar aquí o allá. Como los jardines, quizá las bibliotecas sean fragmentos de utopía. Hablar de utopía en
un momento en que la realidad parece una distopia puede parecer provocador. Por otro lado, es ésta una noción
que hoy no tiene buena prensa: según los diccionarios, una
utopía se define como una "visión política o social que no
tiene en cuenta la realidad", algo ilusorio, una búsqueda de
una sociedad ideal en la que los sueños pueden convertirse

[19] *Ibid.*, p. 43.
[20] Floriane de Rivaz también lo dice, *op. cit.,* p. 69.
[21] Jean-Christophe Bailly, "Retour aux allées" (Regreso a los senderos), en
La Phrase urbaine, París, Seuil, 2013, pp. 234-236.

en pesadillas. Pero también está la idea de que este término significaría "una tensión hacia un allá, hacia otra manera". La idea de que se puede ampliar y explorar el campo de las posibilidades.

Leer (o no leer) en tiempos de pandemia

> Ahora sabemos que la vida es almorzar con un amigo en una terraza, ir a las librerías, disfrutar del sol, ver una película en el cine, perderse en una calle desconocida, tomar un tren. Entonces, cuando la vida se reanude, le pediremos menos cosas.[1]
>
> MANUEL VILAS

EN LAS SEMANAS POSTERIORES a la propagación mundial del covid-19, me escribieron personas de diferentes países pidiéndome que hablara públicamente porque había estudiado lo que la lectura podía aportar en contextos críticos. Algunos me decían que volvían a leer mis libros y que organizaban círculos virtuales de lectura inspirados en ellos. Me citaban para legitimar lo que proponían. Y casi me daba vergüenza porque los libros habían sido mis compañeros en las penas de amor, en las enfermedades, los exilios, pero ahora eso no funcionaba. No sabía por qué. Desde que llegó la pandemia no pude leer más libros y mucho menos ficción.

No fui la única: en Francia, Italia, España, Grecia, Canadá, Argentina, Colombia, México… mujeres y hombres dedicaban publicaciones en las redes sociales a esta dificultad, preguntándose si serían los únicos en experimentarla

---

[1] "Les Cent commandements", *op. cit.*

y cuáles serían las razones de su existencia. En respuesta, muchos otros manifestaban en comentarios que les estaba pasando lo mismo. Tal fue también el caso de los escritores y el fenómeno les había parecido lo suficientemente sorprendente como para hacerse preguntas públicamente. Tal como lo hacían los periodistas en artículos o transmisiones.[2]

Para dar algunos ejemplos, Julieta Pinasco, una gran lectora, escribió en Facebook: "En toda la semana no leí ni una sola palabra", y: "Trabajar me cuesta un esfuerzo descomunal. Leer, otro tanto".[3] En Colombia, Carolina Sanín, otra gran lectora, apuntó en Twitter: "No puedo leer nada", o: "Leo y me parece estar haciendo arqueología". Y Santiago Gerchunoff: "Todas las lecturas me parecen obsoletas. Todos los libros caducos y engañosos por estar escritos por gente que no pasó por esto". Dos ejemplos más, y tengo muchos más, el de Darío Steimberg, profesor de Artes de la Escritura en la Universidad Nacional de las Artes (Argentina): "A diferencia de la escritura, la lectura me está costando muchísimo. Me la paso leyendo en la pantalla, buscando o

---

[2]   Véase en especial Chantal Guy, "Pandémie et paralysie créatrice" (Pandemia y parálisis creativa), *La Presse* (Montreal), 9/4/2020. https://www. lapresse.ca/arts/litterature/202004/07/01-5268431-pandemie-et-paralysie-creatrice.php. Manon Marcillat, "Voilà pourquoi vous n'arrivez pas à lire et à voir des films pendant le confinement" (He ahí por qué no consiguen leer y ver películas durante el confinamiento), *Konbini*, 30/4/2020. https://www.konbini.com/fr/lifestyle/lire-livre-voir-film-streaming-confinement/; https://www.revistadelauniversidad.mx/arti cles/41725f69-40a0-4229-b7d2-8bc714717cd2/la-ansiedad?fbclid=I wAR3w2sM1WzzKvMithJF2rGHQJ7mtiwlZZF8UmMclhc KseI4E1Nl2KZas82. María D. Valderrama, "La pandemia que secó a los escritores", *Listín Diario*, 21/3/2020. https://listindiario.com/las-mun diales/2020/03/22/609735/la-pandemia-que-seco-a-los-escritores

[3]   Las citas sin referencia se encontraron en Facebook o Twitter.

encontrando cosas en internet. Muchas conectadas con el coronavirus y lo que produce en el mundo, pero también muchísimos desvíos que no tienen relación con nada puntual del momento…".[4]

Y el de Christophe Grossi:

Podía repasar una oración varias veces sin que nada me quedara grabado. […] Aparte de artículos, *posts*, testimonios, intervenciones, todo relacionado con la actualidad, con la pandemia, nada más logró captar mi atención. […] Ninguna ficción, ninguna historia, ningún ensayo, nada más podía distraerme. Ya fuera un libro, en digital, en un sitio, nada. En ninguna parte. Ni siquiera un cómic. Apenas un pedacito de poema de Pessoa, dos o tres curiosidades y los cuentos que les leía a mis hijos por las tardes. Nunca me había pasado. […] Es muy extraño vivir tanto tiempo con la literatura, dormir rodeado de tantos textos fundamentales, y ya no quererlos, ignorarlos, pasar de largo sin siquiera mirarlos. Y ni siquiera tener que arrepentirse.[5]

De hecho, casi todos ellos leían, pero no libros y mucho menos literatura. Pasaron gran parte de su tiempo de reclusión leyendo artículos (y escuchando información), devorando testimonios, *posts*, relacionados con la pandemia, sin saber realmente lo que buscaban. Lecturas fragmentarias, en su mayor parte: "¡Tan pronto como son más de dos páginas,

[4] Daniela Tarazona y Darío Steimberg, "A diferencia de la escritura, la lectura me está costando muchísimo (entrevista)", *Eterna cadencia*, 17/5/2020. https://www.eternacadencia.com.ar/blog/contenidos-originales/derivas-literarias/item/a-diferencia-de-la-escritura-la-lectura-me-esta-costando-muchisimo.html

[5] *Déboîtements*, 6/4/2020. http://deboitements.net/spip.php?article804

hago *zap*, es un desastre!", señaló Claire Terral. A lo sumo lograban leer, a veces, un poco de poesía.

Incluso si muchos pudieron volver a leer libros en las semanas o meses siguientes, hubo allí un fenómeno lo suficientemente sorprendente como para que lo examinemos, sobre todo porque ofrece una oportunidad de interrogarse una vez más sobre lo que significa leer, sobre lo que eso implica. En estos tiempos extraños, como veremos más adelante, otras personas han leído como nunca, han inventado formas de compartir sobre libros o han "leído" su oficio, su vida, su relación con el mundo, de otra manera.

"Es como si un estado de alerta me hubiera capturado la concentración"

Para tratar de comprender un poco mejor esta curiosa dificultad de lectura que ha golpeado a muchas mujeres y hombres, me basaré sobre todo en las explicaciones que ellos mismos han dado. Siempre he pensado que los lectores no estaban en la peor posición para hablar de la práctica que estaban realizando y me gusta hacer viajar las voces. Esta vez volveré a usar muchas citas, de lectores en redes sociales, de docentes, de bibliotecarios, de escritores, de psicoanalistas… Escucharé sus palabras y hablaré de los ecos que han despertado en mí.

Lo que muchos de ellos han descrito es ya un estado de estupefacción. No leían porque el miedo, la preocupación, eran demasiado grandes, como también lo era la incertidumbre de lo que vendría. "Sin la muerte, el confinamiento hubiera sido una sala de lectura", dijo una mujer. Muchos puntualizaban que nunca antes habían experimentado esto. Sin embargo, algunos hablaban de episodios anteriores similares en que la lectura se les había vuelto imposible: tras el derrumbe de las torres de Nueva York en 2001, los atentados terroristas de París en 2015, o durante un luto brutal y especialmente doloroso. A algunos les había llevado años volver a leer.

En todas partes, evocaban la imposibilidad de concentrarse, la sobrecarga emocional, la sobrecarga de enojo también, para algunos. "Estoy completamente absorto por lo que pasa en el mundo", dijeron. "Es como si un estado de alerta me hubiera capturado la concentración", comentaba la dramaturga Carla Maliandi. "Hasta ahora sólo pude leer noticias y artículos vinculados a la pandemia y la situación mundial. [...] Leer y escribir es lo que hago habitualmente en mi vida, pero esta situación no favorece esas prácticas sino que por ahora las puse en pausa."[6] El escritor argentino Martín Kohan escribió: "Presiento que lo que impera es un estado de dispersión [...]. Hojear, merodear, pispear, picotear; en los libros o en la red, lo mismo da".[7]

Ciertos periódicos invocaban a la neurociencia para explicar que el cerebro tendría dificultades para realizar múltiples tareas. En Italia, un artículo de La Repubblica señaló que "el cerebro está en alerta porque sabe que está viviendo en condiciones peligrosas, y por eso 'apaga' otras acciones; éste es el mismo mecanismo que nos permite cruzar la calle con seguridad".[8]

---

[6]   Citado en Silvina Friera, "La cuarentena de los escritores", Página 12, 8/4/2020. https://www.pagina12.com.ar/258159-la-cuarentena-de-los-escritores

[7]   "Que lea el que pueda", Perfil, 17/4/2020. https://www.perfil.com/noticias/columnistas/que-lea-el-que-pueda.phtml

[8]   Beniamino Pagliaro, "Perché non riusciamo a leggere un romanzo al tempo del virus" (Por qué no conseguimos leer una novela en tiempo

Así pues, el cerebro habría estado en modo de supervivencia. Recordé que Marie Boiseau había anotado en Twitter: "Pensamos que todos íbamos a leer 342 libros cuando en realidad todos estamos horneando pan". De hecho, nunca se habían intercambiado tantas recetas de pan. También poblaban las redes sociales las imágenes humorísticas que nos mostraban saliendo del encierro con diez kilos más. Quizás el miedo a engordar enmascaraba otro miedo mucho más terrible: el de morirse de hambre si se derrumbaba el castillo de naipes de la economía.

Sin embargo, otros habían leído en condiciones extremas y yo pensaba en aquellos de los que había hablado en mis libros, deportados a campos en la Alemania nazi o en Siberia, que habían resistido, aguantado, leyendo algunas páginas o recordando textos leídos. ¿Cómo lo habían hecho? No hay que imaginarse que, en estas situaciones, la gente se echaba sobre los libros o recuerdos de lectura dejando todo a un lado. Sin duda eso había requerido tiempo, energía, una fuerza inusitada, y era una dimensión que tal vez yo no había medido suficientemente hasta entonces.

No era tan fácil leer en contextos muy críticos, más aún cuando todo era "tan alucinante y onírico" (Carla Maliandi: "Me resulta todo tan alucinante y onírico que no puedo entregarme a otra cosa"). Eso también era frecuentemente mencionado por quienes trataban de explicar su dificultad

del virus), *La Repubblica*, 26/3/2020. https://rep.repubblica.it/pwa/ge nerale/2020/03/26/news/perche_non_riusciamo_a_leggere_un_ro manzo_al_tempo_del_virus-252319618/?refresh_ce

para leer: tenían la sensación de estar viviendo ya una ficción, una realidad totalmente irreal, con una sucesión de episodios, como en una serie. "La realidad es tan fantástica, quién necesita novelas", decía una mujer. Y otra, Hélène Gefflot: "De repente, todos nos hemos convertido en los personajes de una historia distópica. Cada día un nuevo capítulo. Entre el suspenso, el pavor y la duda. La historia se desarrollaba en todos los continentes. Nadie sabía cuándo ni cómo terminaría. ¿Qué leer que fuera más fuerte?". O también: "Ya vivimos en un escenario de ciencia ficción americana, no es de extrañar que la ficción se vuelva insípida e inconsistente junto a eso". Parecía que los libros no estaban a la altura de lo que estábamos pasando.

¿No hay suficiente tiempo... o hay demasiado?

Otro tema se mencionaba con frecuencia para explicar las dificultades para leer: la falta de tiempo. Seguir las noticias e ir a las redes sociales consumía muchas horas, al igual que escuchar a los seres queridos. También se mencionó mucho el cuidado de los niños en el hogar, especialmente por parte de las mujeres. Y el teletrabajo, las reuniones virtuales, sobre todo por parte de los docentes.

En mayo-junio de 2020, como todos los años, moderé conversaciones virtuales para la Facultad Latinoamericana de Ciencias Sociales (FLACSO), en las que participaron más de doscientos profesionales de América Latina, casi todos docentes, y algunos bibliotecarios o editores. Les pedí que compartieran sus experiencias de lectura en tiempos de pandemia. La mayoría leía sobre todo textos relacionados con los requisitos del teletrabajo. "Mis lecturas se han reducido a documentos de trabajo, circulares e instructivos", dijo Lucía. Lo que María también señaló: "Una de las mayores dificultades con la que me encontré ante el deseo de leer por leer fueron las lecturas de resoluciones, instructivos, tareas y actividades presentadas por docentes y alumnos que tengo a cargo en la escuela del nivel secundario en la que trabajo". Varios comentaron sobre el tiempo que requiere "la tiranía de la educación virtual", el "entrenamiento maratónico" para aprender a usar las plataformas y "convertir los espacios presenciales en virtuales".

Otros dos ejemplos, el de Melisa: "La sensación de falta de tiempo me invadió en esta cuarentena, y la idea de 'querer llegar a todo' me robotizó". Y el de Andrea: "No logro hallar el tiempo y las ganas para leer por placer, porque es como que el deber me llama todo el tiempo. Hoy mi casa es mi lugar de trabajo, así que todo se mezcla". Para muchos, la docencia virtual era objeto de todas las preocupaciones (¿quizás escondiendo otras inquietudes?). Más allá de los docentes, muchos fueron los que notaron la rapidez del paso del tiempo durante el confinamiento, que, incluso más que de costumbre, se les escapó.

Otros decían que no leían por el motivo contrario, porque habían tenido demasiado tiempo disponible, como Lucas Soares: "Teniendo todo el tiempo del mundo para leer y escribir, nunca leí y escribí menos [...]. Ahora caigo en la cuenta de que las injuriadas prisiones horarias de nuestros trabajos son las que mejor nos hacen aprovechar los tiempos de lectura y escritura. Las extraño".[9] De manera similar,

---

[9]   Lucas Soares, "Teniendo todo el tiempo del mundo para leer y escribir nunca leí y escribí menos", *Eterna cadencia*, 3/4/2020. https://www.

Darío Steimberg comentó: "Usualmente yo leo 'para mí' robándole tiempo a otras actividades. Se ve que no tener tiempo que robar me está dejando sin esa infracción que por alguna razón le da sentido a la lectura".[10] Algunos participantes en las conversaciones de FLACSO hicieron observaciones similares.

Me venía a la mente lo que había escrito sobre el hecho de que leemos en tiempos robados, en las márgenes, en las orillas de la vida, en el lindero del mundo. Allí, "no es un tiempo elegido sino impuesto", observó una mujer. Sobre todo porque los exhortos a leer eran omnipresentes, los de los políticos, para empezar, como el presidente Macron diciendo en sus discursos: "Lean. Encuentren también ese sentido de lo esencial". O las de los medios de comunicación que, desde finales de febrero o principios de marzo de 2020, llamaban a rentabilizar el confinamiento y actualizarse en cuanto a sus deberes culturales. Siguió una plétora de recomendaciones de lectura, notablemente formuladas por escritores. Las bibliotecas también habían "lanzado" muy pronto una avalancha de contenido que podía consultarse en línea. En las redes sociales aparecían día tras día todo tipo de ofertas culturales, a las que pronto siguieron multitud de retos para compartir portadas de novelas, películas de ficción, etcétera.

Podría haberme alegrado, pero sentía un malestar que me recordó al que a veces experimento durante las jornadas sobre lectura y adolescentes: las exhortaciones a leer

eternacadencia.com.ar/blog/contenidos-originales/entrevistas/item/teniendo-todo-el-tiempo-del-mundo-para-leer-y-escribir-nunca-leí-y-escribi-menos.html
[10]   Entrevista citada.

son tan fuertes que me voy con ganas de nadar o caminar por el bosque. También me llamaba la atención el contraste entre la gran novedad de la situación: que más de la mitad de la humanidad estuviera confinada e interconectada, que en casi todas partes las calles y plazas se vaciaran de sus habitantes, que gran parte de la actividad económica y la dinámica social se suspendiera, todo ello era completamente inédito, y las gastadas palabras que se utilizaban para justificar este omnipresente llamado a la cultura: acompañamiento emocional, vínculo social, qué más sé yo. Me pareció que había, por parte de los profesionales, por parte de nosotros, una gran confusión.

"Era, ante todo, un deseo de contacto, que se enviaba al exterior como una botella al mar",[11] sugiere Rafael Mondragón refiriéndose a todas esas ofertas culturales. "Dirigido al mismo tiempo a todos y a ninguno, organizado como un gigantesco monólogo colectivo donde todos buscan a un semejante pero nadie encuentra un cuerpo en donde la palabra pueda resonar y regresar, ese mensaje, a veces, pudo tener un efecto enloquecedor". ¿Estos profesionales, estos voluntarios, temían no tener ya ninguna utilidad social, tenían miedo de algo más terrible? Algo de lo que habló muy pronto la escritora Mariana Enríquez: "Me rebelo ante esta demanda de productividad cuando sólo siento desconcierto [...]. Todas estas palabras que escucho, todo este ruido de opiniones y datos y metáforas y recomendaciones y vivos de IG y la continuidad de las actividades en formato virtual, toda esta intensidad, ¿no

---

[11]   "Encontrar a un semejante", *Revista Común,* 9/4/2020. https://www.revistacomun.com/blog/encontrar-a-un-semejante

es acaso pánico puro? ¿Qué agujero se intenta tapar? ¿Qué fantasía de extinción?".[12]

Compararé sus palabras con las de una participante de las conversaciones virtuales de FLACSO, Anna di Lullo: "El primer día de cuarentena sufrí tal golpe al ánimo que pensé que no me recuperaría más. Dormí y comí, alternativamente, todo el día. Ese lunes 16 de marzo fue una caída. Muy pronto comenzaron a proliferar bibliotecas liberadas con miles de títulos a disposición de la humanidad y cosas excesivas y desbordadas como ésa. Todo era demasiado. Todo era desmedido. Opté por seguir con mi entrenamiento físico desde casa, guiado por mi profesora de siempre. Una perentoria necesidad de volver al cuerpo hizo que los entrenamientos diarios se ubicaran en el corazón del día…". Y también: "Me siento arrojada a una corporalidad radical, como el bebé que señala la cosa que quiere nombrar, pero la palabra aún no existe. Este momento es de palabras que no existen, por eso estamos todos haciendo pan".

"Volver al cuerpo": como ella, muchas personas sintieron la necesidad de dedicar tiempo todos los días a su cuerpo. Hacían gimnasia, yoga, meditación, para "arrancarse de las pantallas" y quizá simplemente para sentirse vivos.

Algunos de los que habían tomado parte en estos exhortos para cumplir con los deberes culturales se daban cuenta

[12] "La ansiedad", *Revista de la Universidad de México, Diario de la pandemia*, abril de 2020. https://www.revistadelauniversidad.mx/articles/41725 f69-40a0-4229-b7d2-8bc714717cd2/la-ansiedad?fbclid=IwAR3w2s M1WzzKvMithJF2rGHQJ7mtiwlZZF8UmMclhcKseI4E1Nl2K Zas82s

de sus efectos, como Manon Marcillat, periodista: "Yo misma escribí decenas de artículos sobre consejos culturales especiales para el confinamiento. Sin embargo, paradójicamente, siento que estas listas que actualmente abundan en los medios son contraproducentes".[13] Cindy Felio comentó: "Todos estos exhortos son contradictorios con este sentimiento interno de miedo, incertidumbre y angustia que nos habita en este momento y que crea una pérdida de orientación".

Otra voz, la de Ivanna Acevedo, quien evoca su carrera durante una conversación de la FLACSO:

> Toda esa lluvia de ideas enviadas por los medios de comunicación como imperativo intentaba disimular el detenimiento de lo cotidiano. Sentí que no estaban permitiéndonos la angustia del aislamiento, era nuestra libertad la que se detenía y la orden del día era: hacer, hacer, producir, producir. Leer previo al aislamiento era refugio, elegía estar en mi casa para leer, de golpe leer se volvió una orden, no una elección y estar en mi casa también. Quise angustiarme, respetar el tiempo de incertidumbre y luego ir poco a poco, explorando otros lenguajes (ilustrar, pintar). [...]
>
> Con otres amigues organizamos encuentros por Meet o Zoom donde compartimos textos y lecturas, algunas son de creación propia, otras de escritores que nos gustan, nos enviamos audios de cuentos. Retomé la lectura y escritura como posibilidad y elección.

---

[13] "Voilà pourquoi vous n'arrivez pas à lire et à voir des films pendant le confinement" (He ahí por qué no consiguen leer ni ver películas durante el confinamiento), *Konbini*, 30/4/2020. https://www.konbini.com/fr/lifestyle/lire-livre-voir-film-streaming-confinement/

Ya nada se abría

Hay aún otro aspecto que podría explicar la dificultad para leer, particularmente ficción, y que me parece que requiere toda nuestra atención. Unos cuantos, pocos, han tratado de identificarlo.

Para empezar, la psicoanalista Alexandra Kohan, en una entrevista.[14] A ella también le llamó la atención la rapidez con la que circulaban todo tipo de consejos y exhortos para rentabilizar el confinamiento: "Lo que creo es que los discursos imperativos y moralizantes sirven para no pensar, para negar lo que está ahí ineluctablemente. Sirven para anestesiarse, ni siquiera para tranquilizarse. [...] Sirven también para llenarnos de culpa porque, claramente, son imperativos incumplibles que dejan, al que quiere alcanzarlos, siempre en déficit. De hecho, muchos de nosotros, lógicamente, no podemos hacer nada de lo que hacíamos habitualmente".

Observaba. "La obligación de ser felices nos supone a todos iguales y pretende disciplinarnos de manera uniforme. Nos quieren exentos de ansiedad para que sigamos produciendo". Alexandra Kohan también observó que en aquellos tiempos no era tan fácil "sublimar": "Lo que se sublima es la pulsión y lo que vengo escuchando o incluso experimentando es que esa pulsión está un poco 'enloquecida', no está tan disponible para ser sublimada". Y sobre la lectura, agregó:

---

[14] "El mundo se detuvo y quedamos pedaleando en el aire (entrevista)", *Revista Mate*, 24/3/2020. https://www.revistamate.com.ar/2020/03/alexandra-kohan-el-mundo-nos-silencio-a-nosotros-el-mundo-se-detuvo-y-nosotros-quedamos-pedaleando-en-el-aire/

En un primer momento se nos activó una fantasía lindísima de disponer de tiempo para leer, pero rápidamente entendimos que para leer no se requiere solamente tiempo, sino toda una disposición que, según creo, tiene que ver con silenciar el mundo, silenciar sus demandas y habitar la soledad como refugio, aislarnos del mundo mientras el mundo sigue funcionando. Hoy es al revés: el mundo nos silenció a nosotros, el mundo se detuvo y nosotros quedamos pedaleando en el aire. Somos muchos los que no pudimos leer porque resulta insoportable sustraerse de lo poco que hay ahí "afuera" de nosotros.

"¿Cómo se podría leer, escribir, terminar la tesis, ordenar el placard, 'aprovechar', si el mundo, tal y como lo habitamos hasta hoy, ya no está más ahí?", preguntaba ella. Al otro lado del Atlántico, Annie Ernaux señaló: "Estar confinada cuando el mundo no está cambiando es fácil, e incluso agradable, pero siento cómo está cambiando, hay un silencio impresionante a mi alrededor". Y Hélène Cixous: "Estoy expulsada. Como todo el mundo. Expulsada del mundo y de mí. Como todos nosotros. Todos hemos perdido lo que se abre. Todo bajo llave y candado".[15]

Estábamos expulsados del mundo pero el mundo mismo ya no estaba ahí, a diferencia de lo que le sucede a un preso, a un enfermo en su habitación, que siente que la vida continúa a su alrededor. Allí, era como si el mundo ya no existiera. No era sólo que cada quien estuviera privado de él en la realidad: uno no podía ni soñarlo ya que los demás

---

[15] "Comme tout le monde" (Como todo el mundo), *AOC*, 12/4/2020. https://aoc.media/fiction/2020/04/11/comme-tout-le-monde/

habían dejado de habitarlo, de hacer de él un espectáculo viviente siempre recomenzado. Día tras día, los medios nos mostraban videos de calles desiertas, con apenas algunas aves o animales salvajes, como después de la desaparición de nuestra especie.

El mundo que estos medios nos exponían, de forma muy violenta, era también esas visiones infernales de pacientes apilados en pasillos de hospitales, de trenes donde hacían fila los moribundos, de ataúdes transportados de noche en camiones, de entierros en fosas sin ningún rito, cuando el fundamento mismo de nuestra humanidad, durante decenas de miles de años, han sido los ritos por los cuales acompañamos a los difuntos, y cuando incluso ciertos animales realizan tales ritos. Era como si estuviéramos presenciando el espectáculo del colapso de lo simbólico y que sólo existiera lo real en su forma más cruda. El espacio exterior ya no nos "decía" nada, sólo nos hablaba del horror. El exterior se había extinguido, nada se abría más ni llevaba a soñar.

Pero leer es siempre combinar un espacio íntimo y un mundo que se abre, un afuera. Basta pensar en todos aquellos y aquellas a quienes les gusta leer, o escribir, en cafés, parques o medios de transporte "para poder combinar su silencio con el rumor general de los demás", como dice Martín Kohan. Muchos decían que ya no podían leer porque ya no tenían esos espacios, la terraza de un café con su bullicio, un jardín donde juegan los niños, o incluso el metro, sus viajeros y sus músicos ambulantes.

Algunos se referían al cierre de esos otros espacios públicos, las librerías y las bibliotecas. No tanto para comprar o tomar prestados libros como para sentirlos presentes, ofreciendo múltiples posibilidades. De nuevo, nada se abría más.

Ver series, cantar, bailar, escribir

Cabe señalar que otras prácticas culturales parecían menos difíciles que la lectura, ya sea en un primer momento o a largo plazo. Ver películas y series, en particular, aunque muchos reportaron su constante deseo de advertir a los actores si se acercaban demasiado entre sí. Volvió el gusto por las películas catastróficas, como si la pesadilla de otro aliviase, como si el pavor fuera un remedio para la ansiedad.

También estaban todas aquellas personas en Italia, España, Francia o en otros lugares, que cantaban o tocaban música desde su balcón. Y esos maravillosos videos, que se mostraron en las redes sociales, con los y las que bailaban la misma música, cada quien en su casa y todos juntos gracias a Zoom u otras aplicaciones. Imágenes muy conmovedoras, como las de todos estos colombianos que bailaban la cumbia, o las de los bailarines de la Ópera de París hechas para agradecer al personal médico,[16] donde descubríamos al fondo la casa de cada uno, donde en ocasiones un niño se metía entre las piernas de su madre, la bailarina-estrella, y que desplazaron los límites del espacio privado y el espacio público.

Aguantamos mucho gracias a esta belleza compartida, a estos intercambios donde no nos limitábamos a lo utilitario. Gracias también a una observación poética del espacio cercano que muchos decían mirar de otra manera, explorar, como Ev Guénie: "Prefiero fotografiar la planta que crece como si nada, que sumergirme en las mil y una maravillas potenciales de las literaturas del mundo". Yo también,

---

[16] "Dire merci" (Decir gracias), mensaje de apoyo del Ballet de la Ópera Nacional de París. https://www.youtube.com/watch?v=OIiG14Ggmu0

en esos días, hice viajes de bolsillo alrededor de donde estaba confinada, para tratar de ver este espacio cercano de otra manera, con más atención, para encontrar algo nuevo allí, para abrirlo a un más allá. Descubrir que la vida estaba allí, sencilla y tranquila, como diría Verlaine, y no en la loca agitación que era la norma en esos días.

Y sigue siendo a la escritura, mucho más que a la lectura, a la que muchos recurrieron durante meses.[17] Yolanda Reyes lo apuntó: "Si hay algo que haya sido imprescindible en estos días de pandemia, ha sido la escritura. Millones de palabras escritas y leídas han circulado por este mundo inmaterial de internet que hoy parece nuestra única alternativa para seguir viviendo juntos. Más allá de la avalancha de noticias, de mensajes y de significados específicos, ha sido la necesidad de interpretarla que nos ha sostenido en estos días inciertos. Pegada a la pantallita del teléfono, una persona encerrada se relaciona con el mundo y lo reescribe y lo relee, y sobrevive entre palabras".[18]

Muy pronto, la catástrofe sanitaria desencadenó, en casi todas partes, una verdadera grafomanía: diarios de confinamiento, profesiones de fe de que nada sería como antes (o que todo seguiría como siempre), autoflagelaciones, gritos de ira, llamados a plantar cabezas en picas "cuando salgamos de esto". Afortunadamente, también, pinceladas de

---

[17]   Sin embargo, el movimiento de democratización de la escritura no habría esperado al confinamiento. Al respecto, véase *L'Idée de littérature* (*La idea de literatura*) de Alexandre Gefen: "Sociológicamente, la transformación digital llegó junto con un inmenso apetito por la escritura" (París, Corti, 2021, p. 272).

[18]   "En la semana del idioma", *El Tiempo*, 20/4/2020. https://www.eltiem po.com/opinion/columnistas/yolanda-reyes/en-la-semana-del-idio ma-columna-de-yolanda-reyes-486302

humor que amenizaban un poco. En pocas palabras, no leíamos más libros, pero pasábamos horas escribiendo y los editores habrían recibido muchos más manuscritos de lo habitual. Uno de cada diez franceses habría empezado a escribir un libro durante el confinamiento, según una encuesta Harris Interactive.[19] Ya en abril de 2020, muchas editoriales anunciaron la próxima publicación de libros sobre la pandemia. Y en julio, las más prestigiosas publicaban ya colecciones de textos sobre lo que estábamos pasando.

En Francia, el informe *Prácticas culturales en tiempos de confinamiento*[20] confirma la mayoría de estos hallazgos empíricos. Anne Jonchery y Philippe Lombardo estudian ahí los resultados de la encuesta *Condiciones de vida y aspiraciones* (*Conditions de vie et aspirations*) realizada por el Crédoc durante el confinamiento, comparándolos con los de la encuesta *Prácticas culturales* (*Pratiques culturelles*) del año 2018. Observan así que "paradójicamente, mientras el confinamiento primaveral ha contribuido a la ampliación de las desigualdades sociales y económicas en muchos ámbitos, las prácticas culturales parecen, por el contrario, menos divididas e incluso se acortan ciertas brechas sociales y generacionales para muchas de ellas". Sin embargo, si bien el confinamiento favoreció la mayoría de los usos culturales de las pantallas, así como el desarrollo de prácticas artísticas *amateur*

---

[19] Hay que relativizar: Alexandre Gefen, al resaltar el "deseo cada vez más común de escribir por sí mismo", se refiere a una encuesta de marzo de 2019 de la revista *Lire* (por lo tanto previa a la pandemia), que estimaba que un 10 por ciento había escrito ya un libro o estaría haciéndolo... (*ibid.*, p. 249).

[20] Anne Jonchery, Philippe Lombardo, *Pratiques culturelles en temps de confinement*, Culture Études, Ministère de la Culture. https://www.enssib.fr/bibliotheque-numerique/documents/69796-pratiques-culturelles-en-temps-de-confinement.pdf

fuera de la pantalla, en particular para aquellos menos "iniciados", no ocurre lo mismo con la lectura de libros. Incluso muestra un descenso de 10 puntos: 52 por ciento de los individuos lee al menos un libro durante el confinamiento frente a 62 por ciento en 2018. La escucha de la radio y de música también experimentó un descenso importante.

Para otros, una hambre de leer

Mientras que muchos experimentaron esta dificultad en la lectura, otros, en cambio, dijeron que leían como nunca antes. Durante las conversaciones de FLACSO, los participantes manifestaron que vivieron el encierro como una oportunidad para leer, como si nada hubiera pasado. "Gracias a la desaparición de los horarios, puedo detenerme en la lectura tranquilamente, plenamente, felizmente", decía Julieta. Y Yenifer: "En este tiempo leí más que en cualquier otro momento de mi vida, muchos textos de investigación, académicos, literarios". Algunas hablaban de una "hambre de leer", como María Florencia quien, continuando la urdimbre de metáforas orales, decía "devorar todo lo que [se le] cruzaba". "Nunca necesité tanta poesía", precisó y también dijo que escribía mucho: "Sin estas dos actividades no podría". Patrícia observó que el sentimiento de vulnerabilidad e incertidumbre había suscitado una "hambre de leer" entre sus alumnos (no todos) y sus amigos. Y María Victoria: "No todo lo que leí fue ficción, pero siempre fue cobijo, alivio y compañía. Las obras literarias me ayudaron a vivir días lejos de la situación que nos aqueja y las lecturas teóricas incentivaron las ganas de continuar con las tareas aun en la incertidumbre".

Hablaba yo de lecturas individuales. También debemos abrir el inmenso capítulo de las lecturas compartidas durante la pandemia. Muchos hablaron de historias leídas o contadas a sus hijos, más raramente discusiones que acompañaban las lecturas con aquellos junto a quienes estaban confinados. En Argentina, Natalia Porta López y quienes trabajan con ella en el Plan Nacional de Lectura buscaron apoyar a familias, docentes y bibliotecarios en la campaña "Porque te quiero, me quedo en casa a leer". Y en este tiempo en que nuestras familias, nuestras amistades, nuestros amores, se globalizan, algunos han evocado el compartir literario desde la distancia, como Jovita: "Tengo una suegra de noventa y nueve años que todas las tardes, cerca de la misma hora, ahora en cuarentena, nos llama por teléfono y nos recita una poesía, o crea cuentos para ser transmitidos a sus bisnietos, o relatos graciosos que recuerda de su infancia".

En el entorno escolar, el intercambio virtual de lecturas ha tomado muchas formas que no soy competente para tratar. Ciertamente, allí se han desplegado tesoros de humanidad para construir nuevas formas de estar juntos y limitar el agravamiento de las desigualdades sociales. Porque la pandemia puso de manifiesto y reforzó estas desigualdades por doquier. Los más pobres no sólo estuvieron mucho más expuestos, más golpeados por la enfermedad en sus formas más graves, no sólo perdieron ingresos vitales, sino que muchas veces vivieron de manera muy difícil el encierro por la ausencia de una posible intimidad. Para algunos, incluso más para algunas, fue incluso un infierno. En todas partes se observó un aumento de la violencia contra las mujeres y los niños. En cuanto a las posibilidades de aprendizaje virtual, diferían completamente: algunos tenían computadora personal, buena conexión a internet, una habitación propia, silencio, adultos en casa para ayudarlos; otros nada de eso.

Así es como la pandemia interrumpió la educación de cientos de millones de niños por falta de acceso a internet. "En los países de ingresos bajos y medianos se espera que el porcentaje de niños que no puedan leer ni comprender textos sencillos a los 10 años aumente de 50 a 70 por ciento debido al cierre de las escuelas. Una pérdida de conocimiento que podría tener efectos devastadores en la productividad y los ingresos futuros de esta generación", señala *Le Monde*,[21] y también:

> En enero de 2022, más de 616 millones de estudiantes seguían afectados por el cierre total o parcial de escuelas, según Unicef, que también está preocupado por la deserción escolar. En Sudáfrica, se estima que casi medio millón de estudiantes abandonaron la escuela por completo entre marzo de 2020 y julio de 2021. En Liberia, casi la mitad de los estudiantes de escuelas públicas no regresaron a clases cuando las reabrieron en diciembre de 2020.

Ahí hubo un reto enorme y dije ya cuánto habían dado los profesores de su tiempo con el teletrabajo. Esta experiencia fue para muchos una oportunidad para repensar su práctica y, en ocasiones, para conocer mejor a sus alumnos. Como escribió Roberto Herrscher, "una de las cosas buenas que nos dejará esta pandemia es que la lejanía puede acercarnos a nuestros alumnos".[22]

---

[21] *Le Monde*, 10/5/2022.
[22] Roberto Herrscher, "Las enseñanzas de educar durante la pandemia", *The New York Times*, 27/7/2020, https://www.nytimes.com/es/2020/07/27/espanol/opinion/clases-universidad-coronavirus.html

Cabe señalar que durante las conversaciones de FLACSO, varios profesores mencionaron su preocupación por que no se olvide el cuerpo, una dimensión muy presente en la enseñanza de varios de ellos. Y volvieron a mí las palabras de Anna citadas anteriormente, diciendo que había sentido la necesidad de "volver al cuerpo" y que se sentía "arrojada a una corporalidad radical".

Ya en los contextos críticos que yo había estudiado años atrás, los mediadores culturales a menudo combinaban varias artes, involucrando el cuerpo sensible (a través del teatro o la danza), la imagen (a través de las artes gráficas y la escritura audiovisual) y el lenguaje verbal (a través de la lectura, la escritura y los debates). Como si sintieran que era necesario actuar simultáneamente en varios niveles, por estos tres modos complementarios que se nos dan para simbolizar una experiencia, y muy particularmente una vivencia traumática, para transfigurar el miedo, el dolor, a veces el horror, en pensamiento y belleza. Para encontrar pasajes, entre el cuerpo y el lenguaje, que a veces se habían perdido.

Compartir discretamente o en secreto

Además de la familia y la escuela, se han implementado múltiples formas de intercambio virtual en torno a los libros durante esta situación extraordinaria. Como ese club de lectura transnacional que también fue un espacio de escucha y atención a los demás, contado por Carolina Pinela durante los intercambios de la FLACSO:

En estos días de encierro pensábamos que estábamos solos y aislados en nuestras casas, pero soy bibliotecaria, por lo que desde marzo, junto con un colega español nos hemos dedicado a llevar adelante un club de lectura. Gracias a este club conseguimos escaparnos por la ventana de WhatsApp y conocer las historias no sólo de los libros que leímos, sino también de las personas que encontramos en el club, historias diversas a las de los libros que nos llevaron a viajar por distintos países, porque el club está conformado por personas de España, Argentina, México y Colombia, cuatro países con sus cosas en común y sus diferencias, nos enriquecemos como personas aprendiendo nuestras diferencias de lenguaje, gastronomía y costumbres. Sin duda, leer en conjunto es muy enriquecedor porque escuchar al otro nos hace crecer nuestra mirada de lo leído.

[…] En este tiempo con las personas del club hemos pasado por muchas cosas, pico de pandemia en España, por lo que muchas veces nos tocó consolar a personas que habían perdido un ser querido, o personas que no tenían mucho ánimo de leer pero sí intercambiar palabras con otras desconocidas, por lo que propusimos actividades de intercambio cultural y ensayamos algunas escrituras. El club se mira como un "recreo", una "pausa", así es como lo han definido, es tiempo sin tiempo y un espacio sin lugar.

Compartir discretamente, o a veces grupos secretos, como los que menciona Rafael Mondragón:[23]

---

[23] "Encontrar a un semejante", art. cit. Véase también: "La pandemia y el derecho a la belleza", *Revista Común*, 12/5/2020. https://www.revista comun.com/blog/la-pandemia-y-el-derecho-a-la-belleza#_ftn1

Yo tengo un grupo secreto con el que me reúno todos los lunes a leer el *Decamerón*. Los cuentos nos dan un espacio para conversar de lo imprevisible. En otro grupo secreto comentamos el *Tristram Shandy* de Laurence Sterne, hablamos de la importancia de la risa para enfrentar un tiempo sin certezas. En un grupo más, éste público, en Twitter, estamos leyendo *De A para X* de John Berger: somos cuarenta desconocidos que se envían mensajes privados de persona a persona, comparten anécdotas, escanean fotografías, hacen dibujos, "pierden el tiempo". Escenificamos un encuentro íntimo a la mitad del espacio público: mostramos cómo nos escuchamos y permitimos que esa escenificación tenga efectos esperanzadores en quienes nos están observando.

La escucha, una vez más. Mondragón añade que estos encuentros secretos hacen más que "reconstruir el tejido social" como suele decirse. "Son reuniones que no están formateadas y dejan mucho espacio para que surja lo impredecible." También escribe que sería fundamental recuperar la fuerza política de los encuentros vividos en este tiempo sin certezas. Para ello participa en otro proyecto, iniciado en México por Daniel Goldin, Ramón Salaberria y algunos más: Jardín LAC (Lectura, Arte, Conversación):

Es un espacio para escuchar, para conversar.
Es un espacio para leer (y escribir) el mundo.
Leer(se) (y escribir(se)) con palabras, imágenes
    y sonidos.
Es un lugar para estar, y para regresar.

Como acontece con los jardines, es muchas cosas
   a la vez.
Pasea sin prisa.
Habítalo.
Cuídalo, es tuyo.[24]

"Pasea sin prisa", qué hermosa invitación.

Como conclusión, tengo en mente un texto de Olga Tokarczuk, uno de los más hermosos que haya leído sobre el tema de la pandemia y el confinamiento. Evoca lo que mira a través de la ventana, la morera blanca o los jóvenes vecinos paseando a su viejo perro, intentando ir lo más despacio posible para adaptarse a su paso. Escribe: "Con insistencia, me vienen imágenes de mi infancia, cuando teníamos mucho más tiempo y podíamos perderlo mirando por la ventana durante horas, observando las hormigas, quedarnos acostados debajo de la mesa imaginando que estábamos en el Arca. O leer una enciclopedia. ¿Y si hubiéramos vuelto así al ritmo de una vida normal?".[25]

Una crisis, un desastre, también pueden ser una oportunidad. Si los confinamientos han sido muy duros para muchas personas, en particular los pobres, los jóvenes, los ancianos aislados, para otros han sido una oportunidad de interrupción, de repensar su vida, de leerla de otra manera. Esperar que después de la pandemia se detenga la locura y venga un ritmo más propicio para sintonizarnos con lo que nos rodea. Un arte de vivir con más sencillez. Tiempos

---

[24] "¿Qué es *Jardín Lac* en línea?", 3/7/2020. https://www.jardinlac.org/post/qu%C3%A9-es-el-jard%C3%ADn-lac
[25] "La fenêtre" (La ventana), *Le Temps*, 2/5/2020. https://www.letemps.ch/culture/ecrivains-face-virus-fenetre-dolga-tokarczuk

menos duros, menos codiciosos, menos injustos, más tiernos, en los que estaríamos más atentos a los demás y a lo que llamamos naturaleza.

Nada está dado. No sabemos lo que traerá el mañana. En todas partes, sentimos una gran necesidad de compartir y de dar sentido. Necesitaremos palabras, imágenes, historias. Después de meses catastróficos, las librerías francesas habrían experimentado un aumento espectacular en las ventas de libros. Una vez acabados los confinamientos, el exterior cobra vida, muchos reencuentran el camino de los libros. Y lo que compran, al parecer, son libros de fondo, clásicos literarios, ensayos difíciles. No es de extrañar: las muchas palabras intercambiadas en las redes sociales nos dejaron hambrientos. Siempre es muy difícil contar la experiencia humana, contar la historia de lo que nos pasa. Requiere tiempo, ensoñación, rodeos, metáforas, trabajo. Todo lo contrario del *fast talking* o de esas *fake news* que no nos tomamos el tiempo de revisar. Algo muy diferente a estos *feel good books* que parte de la industria editorial diseñará para pretender consolarnos.

Después de algunas semanas, encontré con dicha mi camino de vuelta a los libros, y a los museos. El primero que visité, situado en un olivar, está dedicado al gran editor de arte Tériade. Anoté allí una frase que Tériade le había escrito a Matisse en 1940, durante la guerra: "Ahora que todo es más difícil, de hecho es el momento de llevar a cabo las cosas más difíciles". "Sueño con un libro-flor", agregó.

Sí, ahora es el momento de hacer las cosas más difíciles y también las más sencillas: compartir libros-flor, bibliotecasjardines, reunirnos para leer el mundo con más intensidad, más atención en los detalles, gracias al arte, a la ciencia cuando es poética, a la literatura. Conversar, admirar, escuchar, cuestionar, reír, llorar también, pensar, abrir el mundo.

Epílogo

Los libros y las flores

> Los libros son un poco como los jardines, lindos sueños que sólo sirven para que nos sintamos, de vez en cuando, menos solos. Pero ellos también están de paso.[1]
>
> Marco Martella

"Comprar libros es como comprar flores. Aquí desembolsamos por las cosas que permanecen, una inversión, una herramienta, la casa, o por la comida. Pero un libro, cuando lo has leído, se acabó. Es dinero que no sirve para nada. Para que no se pierda sólo queda lucirlo, pero eso es recuperación, es secundario." Fue en un pueblo de Languedoc donde una mujer me dijo eso, hace unos treinta años. Entonces comenzaba a realizar investigaciones sobre la lectura y hacía entrevistas en zonas rurales.[2] Allí, muchos leían "útilmente", para aprender, para capitalizar, o al menos lo aparentaban. Porque en realidad esta gente del campo tenía sus trucos y la lectura que pretendía ser "útil" a menudo se convertía en un evasor lúdico frente a la vida cotidiana. Y luego había otra lectura, la de la noche, en la que se daba rienda suelta a la capacidad de ensoñación. Lejos de

---

[1]   *Fleurs*, Arles, Actes Sud, 2021, p. 49.
[2]   Cf. Michèle Petit y Raymonde Ladefroux, *Lecteurs en campagnes*, París, bpi/Centre Georges Pompidou, 1993.

cualquier búsqueda "útil", las páginas del libro que leían eran un espacio, en las márgenes de la vida, donde a veces encontraban palabras que permitían decirse lo más secreto que tenían.

Es cierto que de un libro leído o de un ramo de flores queda muy poco. Tan poco como queda de una exposición de pintura, de una historia que nos han contado, de un paseo por la costa, de una noche de baile. Todo eso se va volando. En el mejor de los casos, quedan algunos rastros que a veces guardamos en nosotros para toda la vida, esa "impregnación" que Jean-Paul Kauffmann trató de encontrar, cuando estaba en calidad de rehén en el Líbano, recordando los libros que había leído. Como si allí estuviera la esencia misma de la vida, de la vida vivida intensamente, de la vida magnificada. Efímera e inmensa. Vida pensada, en esos momentos en que levantamos la vista de un libro, conmovidos por un detalle que ha revivido nuestra ensoñación, nuestras asociaciones. Porque "la lectura no produce otra cosa que una mayor capacidad de soñar y pensar", como decía Anne Dufourmantelle;[3] un libro "no es ni una inversión ni un instrumento".

Sí, un libro es como unas flores; por cierto, en Cataluña, el día de Sant Jordi, se ofrecen con un mismo gesto a aquel o aquella a quien se ama. O es como un jardín. No son sólo las bibliotecas las que se pueden comparar con los jardines, sino aquellos objetos que están en su seno. Marco Martella dice del jardín diseñado por Edith Wharton que es

---

[3] *Chroniques*, París, Rivages, 2020, p. 44.

"un pequeño mundo artificial, frágil y patético, ciertamente, pero vivo y acogedor, como un hermoso libro".[4] Probablemente por eso yo regalo libros a mis seres queridos: no tanto para compartir lo que amo como para regalarles un jardín en el que puedan caminar, aunque sea una vez, hojeándolo y recorriendo unas líneas. Y les corresponde a ellos o a ellas, entonces, leerlo, tirarlo al viento o dárselo a quien quieran.

Un libro es un allá, otra dimensión, o un afuera, ese afuera cuyo precio medimos durante los confinamientos cuando se perdió, se extinguió. Ese afuera que hace habitable el adentro, que saca del encierro, como decían los jóvenes que vivían en esos barrios de los que se decía que eran "sensibles".[5] Con un libro, entra el mundo "por diversa puerta"—y tomo prestadas las palabras a Calderón.[6]

Hay que repetirlo sin cansancio: ese afuera que entra por una puerta secreta, ese espacio poético, por decirlo de otro modo, es vital, más aún en tiempos difíciles. Yves Citton dice que "una sociedad humana que no proporciona este espacio protegido de desconexión y separación, en el que se puede soñar, imaginar otra cosa, otro mundo, es una sociedad que nos aplasta".[7] Los libros son uno de los grandes emblemas de ese afuera, una de las principales vías de acceso a ese espacio poético, protegido. Y es casi siempre a través

---

[4]   *Fleurs, op. cit.,* p. 21.
[5]   Cf. *De la bibliothèque au droit de cité* (*De la biblioteca al derecho de ciudadanía*), París, BPI/Centre Georges Pompidou, 1997.
[6]   "Sale el Mundo por diversa puerta" (didascalia en *El gran teatro del mundo*).
[7]   "Le capitalisme produit une crise de l'attention" (El capitalismo produce una crisis de la atención), entrevista publicada en *Les Inrockuptibles,* 25/9/2014.

de las artes de un transmisor como nos iniciamos, desde pequeños. Un transmisor que sabe inventar, jugar, soñar, resistir ante la instrumentalización de los bienes culturales que comparte, negándose a reducirlos al único campo de la utilidad medible.

"Queremos hacer de nuestros hijos caballos de carrera. Hay que ser eficiente, eficiente, eficiente... Pero ¿qué pasa cuando eso se quiebra? ¿Qué les ofrecemos entonces?", pregunta una mujer, Émilie, citada en un artículo dedicado al malestar de los estudiantes de secundaria que "están más expuestos que antes a la ansiedad, los ataques de llanto, incluso la depresión o la fobia escolar".[8] Igual que los adultos jóvenes.[9]

Podemos compartir con ellos otras aventuras, otras experiencias, como lo hacen quienes trabajan en contextos críticos que he citado en este libro. O como la madre de Catherine Meurisse que hurtaba esquejes de rosas y así hacía que los niños olieran los perfumes que habían respirado Proust o Montaigne. Era una forma de decirles: lo que han creado estos escritores o artistas es tuyo, tienes derecho a apoderarte de ello para componer tu propio jardín, igual a ningún otro.

Gracias a los mediadores culturales que ayudan a niños, adolescentes, adultos, a apoderarse de poemas, cuentos,

---

[8]   *Le Monde*, 10/5/2022.
[9]   "Les professionnels de santé dépassés par la vague de détresse psychologique qui touche les jeunes adultes" (Los profesionales de la salud, rebasados por la ola de desamparo psicológico que afecta a los jóvenes adultos), *Le Monde*, 14/6/2022: "Todo ha dado un vuelco. Atendemos a jóvenes politraumatizados, que se construyen en un periodo en el que se han sucedido atentados, el covid, la guerra en Europa, y que se enfrentan a la crisis climática".

fragmentos de textos, canciones, imágenes, con los que podrán componer su propio jardín. Esos jardines que tanto necesitamos hoy, después de estos años en los que nuestras posibilidades han estado como dormidas. Después de este largo sueño sin sueños.

Agradecimientos

Los textos aquí reunidos fueron escritos originalmente, en diferentes versiones, para conferencias que fui invitada a dictar. Agradezco sinceramente a quienes confiaron en mí y me ofrecieron participar en los eventos que organizaron. Sus preguntas a menudo han reavivado mi pensamiento y me han permitido profundizarlo.

El Infierno, el arte, los libros y la belleza fue escrito para la Conferencia de Clausura del II Congreso Internacional "Infancia y Cultura" en Posadas (Argentina), el 13/6/2018.

Las palabras habitables (y las que no lo son) se leyó por primera vez en la Feria Internacional de Buenos Aires durante el Encuentro Internacional "¿Qué leemos? ¿Cómo hablamos?", el 24/4/2015, luego en la Biblioteca Nacional de Francia para el coloquio organizado por *Inrockuptibles* el 19/10/2015. Fue retomada parcialmente en ponencias posteriores, entre las que destaca la de la Universitat Autònoma de Barcelona (Simposio "La literatura que acoge", GRETEL, 10/1/2016); en la Casa de América Latina en el marco del Año Francia-Colombia (jornada "Bilingüismo y diversidad cultural", organizada por ACCES el 19/10/2017); y en la Conferencia de Apertura del XX Encuentro de Investigadores en Didáctica de la Literatura (Rennes, 6/12/2019).

Esos paisajes de los que estamos hechos fue escrito para la Conferencia de Apertura del XII Encuentro Nacional de Promotores de Lectura en Medellín (Colombia), el 25/10/2018.

¿Ver imágenes al leer? fue publicado en Espace Études del MUZ (Museo de Obras Infantiles) en diciembre de 2016.

"Somos de la misma materia de la que están hechos los sueños…" se leyó durante un seminario de formación continua en La Puebla de Alfindén y Cabanillas del Campo (España), en febrero de 2020.

La biblioteca como jardín se leyó en la Feria Internacional del Libro de Buenos Aires el 21/4/2015 (durante el 47° Encuentro Nacional de Bibliotecarios), luego se retomó parcialmente en la Biblioteca Vasconcelos de la Ciudad de México el 8/11/2016 y en la Biblioteca de Bellas Artes de la Universidad Complutense (Madrid) el 2/6/2020.

Leer (o no leer) en tiempos de pandemia fue escrito para la Conferencia Inaugural del "Foro Internacional por el Fomento del Libro y la Lectura" en Resistencia (Argentina), el 19/8/2020.

Obras de Michèle Petit:

En Océano Travesía (colección Ágora):

> *El arte de la lectura en tiempos de crisis,* 2009 (reedición en Océano exprés, 2021).
> *Una infancia en el país de los libros,* 2008.

En el Fondo de Cultura Económica (colección Espacios para la lectura):

> *Leer el mundo. Experiencias reales de transmisión cultural,* 2015.
> *Lecturas: del espacio íntimo al espacio público,* 2001.
> *Nuevos acercamientos a los jóvenes y la lectura,* 1999.

Esta obra se imprimió y encuadernó
en el mes de septiembre de 2023,
en los talleres de Impregráfica Digital, S.A. de C.V.,
Av. Coyoacán 100–D, Col. Del Valle Norte,
C.P. 03103, Benito Juárez, Ciudad de México.